図解不動産業

マンションの危機管理入門

著者／村井忠夫　マンガ／藤井龍二

イザというときにアワテないために

住宅新報社

この本の読み方　～はしがきに代えて～

この本を、私は若い業界人あての手紙でマンションの危機管理に取り組むときの考え方を伝えるような気持ちで書きました。ですから、現実のマンションの様子を思い浮かべながら読んでいただきたいと思います。マンションの仕事をする若い人がこの本に書いたことをどこかで思い出して役に立てていただけることが、ひそかな著者の願いです。

そこで、著者としてこの本を読んでくださる方にお伝えしたい点がいくつかあります。

1．この本は、それぞれの項目が独立しています。初めから順を追って読み進めなければならないことはありません。

2．目次は、そうした読み方をするときの索引として読んでください。目次を見て読みたいところから読んでいただければけっこうです。

3．この本は若い業界人を想定して書いていますが、管理組合にも当てはまることがいくつも出てきます。管理会社も管理組合もその常識には共通点が多いものと考えてください。

この本は、規模や戸数などの違いに関わりなくどんなマンションにも当てはまるように書きました。したがって、この本の内容をそれぞれのマンションに当てはめて理解するときは、読んだ人がマンションごとの事情を付け加えてアレンジしていただく必要があります。そのアレンジが望ましい状態でできたときに、たぶんこの本が役に立つと思います。その意味では、この本の内容が発展してそれぞれのマンションごとのオリジナルバージョンの危機管理ブックが一人一人の読者によってまとめられることが理想です。著者のこの夢が実現しますように祈っています。

二〇〇六年八月

村井忠夫

目次

第4章　管理会社にとっての危機管理対策は？

第5章　管理組合を理解する要点は？

第6章　望ましい管理会社のサポートは？……147

第7章　危機管理・本当の答えはマンションごとに違う……181

第8章　どのマンションにも共通する危機管理対策……199

第1章 そもそもマンションって何？

1 マンションは住宅の固まり

マンションを「集合住宅」といいます。簡単にいえば、住宅の固まりです。詳しくいいますと、結果として多くの住宅が固まったものをさすのではなく、一棟をいくつもの住宅として使えるように区切って設計した建物をいいます。ここが、一棟ずつ建てた「一戸建て住宅」との違いです。

たくさんの住宅が一棟に固まっていますから、何か心配なことが起こるとその影響は一戸建て住宅とは段違いに大きくなります。そうした心配がないようにするための「マンションの危機管理」には、特有の大きな意味があります。

多くの住宅が集まった建物という意味では、一棟三十戸の場合も三百戸の場合も、言葉としては同じマンションといういい方になります。また、いくつもの棟に分けて建てられる「団地」と呼ばれるタイプのマンションもあります。さらに、一棟の建物の中に店舗や事務所などが含まれていても大部分が住宅となっていれば、やはりマンションといいます。建物の性質に多少の違いがあっても、住宅として使われることが多い建物ならば、一様にマンションと呼ばれるわけです。単にマンションとはいっても、こうした物件ごとの建て方による違いがたくさんあります。

建て方による違いのほかに、マンションには借りて住むかそれとも買って住むかという住み方の違いがあります。この意味では、「賃貸マンション」と「分譲マンション」の区別が生まれます。この区別は住み方に関係しますが、危機管理についても大事な意味を持っています。この本でとりあげるのは、分譲マンションのほうです。

大和住宅
管理会社
本日から助手をさせていただく有賀です
宮田だよろしく
この地区には様々なマンションがありますね
ひと口にマンションといっても一棟30戸もあれば300戸のもあるし「団地」タイプもある
店舗や事務所の入ったものもある
一戸建てとは違い何かのトラブルがあると広範囲に影響する
これからはマンションの危機管理がより重要になってくるんだ

2

マンションは超至近距離で隣り合う住まい

「集合住宅」であるマンションでは、多くの住宅が壁と床を隔てただけで隣り合っています。都市住宅であれば一戸建て住宅でも隣の住宅と軒を接して間近に建つ例が珍しくありませんが、マンションはもっと近い距離で隣り合った住まいです。

住宅の境目が一枚の壁や床だけですから、その分だけ日常生活では隣り合って住む人同士の影響をお互いに受けやすくなります。住宅の建ち方による隣からの生活上の影響という点では、どうしてもマンションのほうが一戸建て住宅よりも大きくなるといえるかもしれません。

しかし、この点にはプラスとマイナスの両面があります。日常生活の上での接触機会が多くなりますから、隣近所にどんな人が住んでいるかという相互理解の可能性も当然大きくなるからです。

ここに注目してマンションを生活共同体や地域コミュニティとして生活できる場として考えれば、マンションではもっと前向きな生活スタイルが実現できるという積極的な意味が生まれるでしょう。

ただし、この点には多少の工夫が要ります。住む人同士の理解を深めるための方法を考える必要があるからです。この点を工夫すれば、それがまさかの時に助け合える危機管理にも必ず効果を発揮します。隣の住宅に住む人がどういう援助を必要とするかというとっさの判断には、常日頃の暮らし方の理解が大前提になるからです。その意味では、分散した一戸建て住宅と違って、超至近距離で住むマンションには、住宅同士の間近さを活かした日常生活には相互理解による独特の危機管理の可能性があると考えることもできそうです。

さっそく巡回に行こうか
はい
マンションって集合住宅ですよね
一戸建てと違って壁や床などで区切られた住居だ
それだけに隣や上階の人との関係が深くなるね
これにはプラス面とマイナス面があるがうまく働けば危機管理に大いに役立つことだ
相互理解が大事ですね

3 マンションはライフラインを共有する住まい

住宅には、人の暮らしが不自由なく成り立つための生命線となる一連の設備や施設が必要です。いわば住宅としての生命線ですが、こうしたものをライフライン（生活に欠かせない電気やガス、上下水道、電話などの基本的な設備）といいます。阪神・淡路大震災でかなり身近になった言葉です。

マンションの場合、このライフラインはとくに大きな意味を持っています。マンションではたくさんの住宅が集まっているために、それぞれの住宅の持ち主がこうしたライフラインを共同して利用する装置を共有しているからです。水道に例をとって考えると、次のようになります。

マンションの外から引き込まれた水道本管が、まずマンションに引き込まれます。本管の水はいったん受水槽に引き込まれた後、揚水管で高架水槽に送り込まれます。ここから、それぞれの住宅につながった給水管を通って蛇口から水が出るわけです。このルートで届く水はそれぞれの住宅までのルートの大半で「本管」などと呼ばれる共有パイプを通ってくることになります。

生命線を支える電気やガスなども、基本的にはこうしたルートでそれぞれの住宅に届きます。そのため、ルートの大半に当たる本管とか本線をマンションのすべての住宅が共有しています。こうした設備や施設の共有によって、マンションに住む人はすべて同じ生活条件で暮らしていくことになります。そういう意味で、マンションは生命線を共有する運命共同体だともいえます。マンションの危機管理については、ライフラインはとりわけ大きな意味を持つといわなければなりません。

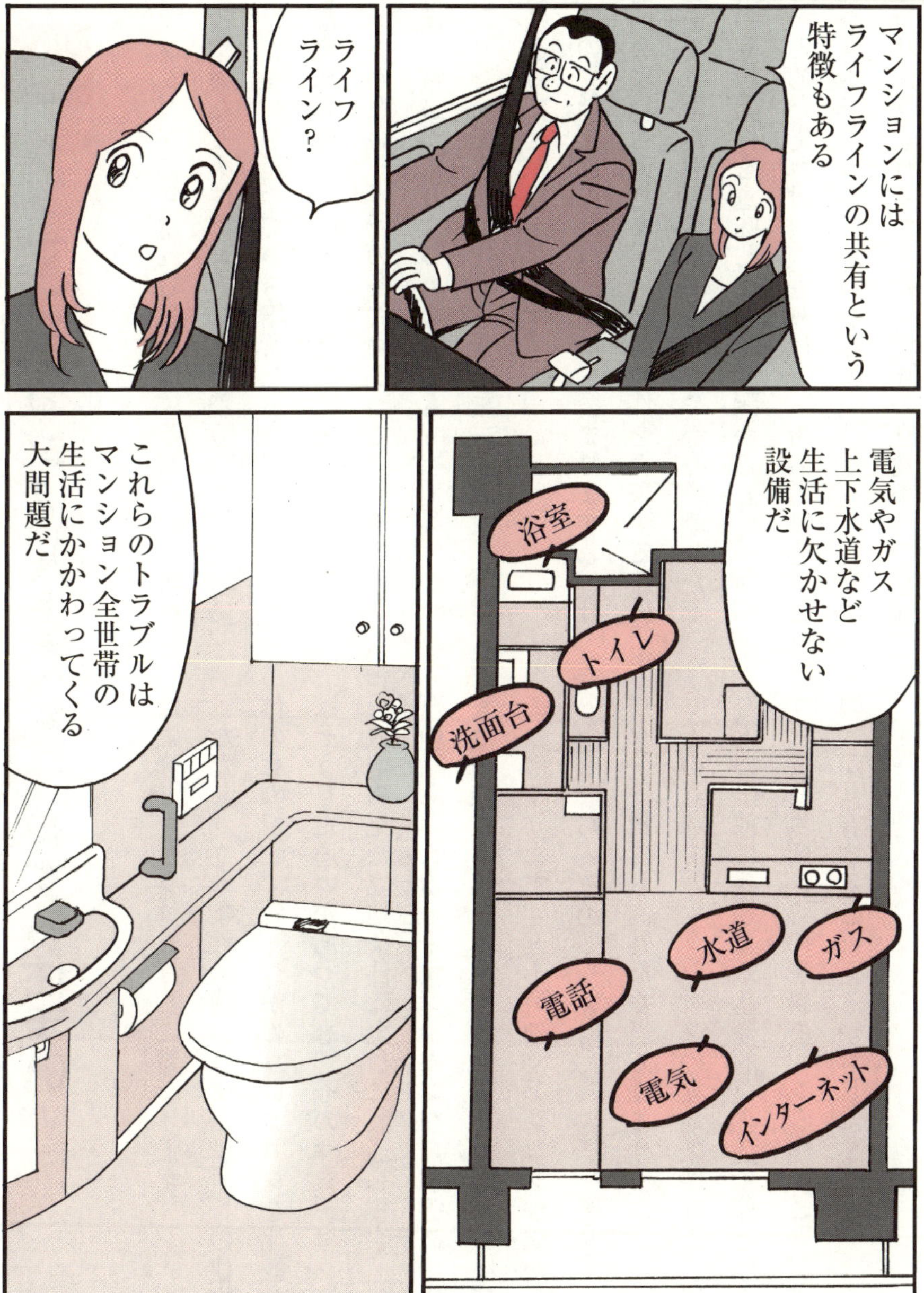
マンションには
ライフラインの共有という
特徴もある
ライフ
ライン?
電気やガス
上下水道など
生活に欠かせない
設備だ
浴室
トイレ
洗面台
水道
ガス
電話
電気
インターネット
これらのトラブルは
マンション全世帯の
生活にかかわってくる
大問題だ

4 マンションは立地条件を共有する住まい

マンションで営まれる生活は、それぞれの物件ごとに異なる条件に対応して千差万別です。特に、マンションが建っている場所を示す立地条件は大きな意味を持っています。どこに建っているマンションかという場所の条件によって評価が違う不動産の常識が成り立つのをみても、立地条件がマンションの実質的な住みよさを左右する大きな要素になることがわかります。

その立地条件には自然環境も含まれますし、社会的な環境も入ります。立地条件を表現する際に緑あふれた自然環境とあればやや都心を離れた郊外の立地条件を意味しますし、駅から五分の便利なところとあれば、人通りは多いものの都心の便利な場所であることがわかります。そうした様々な意味が含まれるために、実際の立地条件の意味はすべてマンションごとに異なります。

ただし、立地条件の違いはマンションの建物全体のものです。いくつかのマンションを比較すればそうした違いがあっても、そのマンションに住む人から見た立地条件は全員に共通します。三百戸の緑あふれる……マンションなら、そこに住む人は一様に同じ自然条件と共通した関わりを持つことになります。五十戸のマンションが駅から五分……なら、そのマンションに住む限りそのメリットは誰にも例外なく当てはまります。

その意味で、マンションの立地条件はそこに住む人の全部に共通する基礎的な生活条件となります。住む場所からの影響をマンションごとに多くの人が共有するといえるかもしれません。

ここのマンションは大きいですねー
３００戸あって公園もあり緑の豊かさが売りだね
ここは小規模ですね
30戸しかないが駅に近いから便利だ
マンションは立地条件も共有する住まいなんだ
立地条件はそこに住む人全部の基本的な生活条件になるのですね

5 マンションは住む人に全体像が見えにくい

マンションは集合住宅ですから、一戸建て住宅とは建物の規模が違います。その規模は様々ですが、どんな場合にも共通しているのは、自分が住んでいるところが、実はそうした「大きな建物」の一部にすぎないという点です。したがって、マンションでの日々の生活も、基本的には建物全体とは関わりがないまま営まれることになります。

そのため、日常的な生活経験を通して知ることができるのはマンションの玄関から自分の住む住宅のある場所までという建物の一部分に限られます。自分が住んでいない階や棟には、わざわざ出かけない限り様子を見る機会がありません。まして、マンションの屋上ともなればなおさらです。何十年住んでいてもマンションの屋上は見たことがないということは少しも珍しくありません。超高層・超大規模マンションでは、特にそうしたことがいえます。マンションは規模が大きくなるほど全体像が見えにくくなる性質の建物なのです。

しかし、全体像がわからないままだと、何か予想外のことが起こったときに実情がわかりにくくなります。実情がわからなくても、マンションでは基本的な生活条件が全戸に住む人に共通していますから、様々な影響を受けることになります。何が起こったのかわからないが突然水が出なくなったといったアクシデントが、その典型例です。こういう場合、自分の住むマンションの全体像がわからないと事実の確認ができなくなり対応の手が打てなくなります。こうした事情を考えると、規模の大きなマンションほど全体像をよく確かめておく必要があるといわなければなりません。

あっ ちょうど連絡しようと思っていたの 宮田さん
どうしました?
わかりました 早急に業者に見てもらいましょう
午後に来てもらいます
助かったわー
こんな大規模なマンションだと全体像を知る人はほとんどいないからね
それを知るのはわれわれ住宅管理会社だ
マンションの全体を把握しておくのは重要なことだ

6 マンションは地域社会と無縁ではあり得ない

マンションは多くの住宅の集合体ですから、大勢の人が集まって生活する場所です。当然ながら多くの人の生活に伴う課題が生まれます。ゴミの処理は、その典型的な例です。そうした課題は生活次元のものだけではなく、教育や文化はもちろん危機管理に至る幅の広さを持っています。

そうした課題への取り組みはほとんど地域ごとに自治体などの手で進められることが普通です。マンションがあるかないかに関係なく、一定の広さの地域の人口がある程度以上になれば、いろいろな対策が市や区などの地方自治体やその関係組織によって講じられることになります。

この点は、マンションでの生活に大きく関係します。どんなマンションでも生活に伴う様々な問題についてはほとんど自力では対応できないからです。マンションだけの独力ではゴミの出し方も決められませんし、火事や盗難といった問題になると自力ではもうほとんど何も対応できません。

こういう意味で、マンションでの生活には何らかの意味で地元の地域社会との関わりによって支えられる部分があります。その点を考えると、どんなマンションでも建っている地域と没交渉では望ましい生活が維持できなくなる不安があります。危機管理のような問題になれば、なおさらです。

マンションはその地元の地域と無縁ではあり得ないことをいつも考えておく必要が想像以上に大きいと思われます。マンションでの生活が隣接する住宅に住む人同士の人間関係によって支えられるのと同じ関係が、マンションと地元の周辺地域との間にも成り立つといえます。

よお久しぶりだね宮田さん
あ302号室の中村さん
このマンションを私と共に担当する有賀です
おおべっぴんさんじゃないか
最近この近辺も空き巣が増えて心配なんだよ
それにゴミ出しのマナーの悪い人がいるしね
それに比べこのマンションは管理がよくて安心だよ
それにこのマンションの人たちはマンション生活のマナーをよく守ってくれて近所でも評判がいいみたいだ
おそれいります
マンションも地域との関わりがなくては生活に困ることになるからね
地元の人たちとうまく接することも危機管理の第一歩ですね

7 マンションも高齢化する

マンションは堅固なコンクリートの建物ですから、取り壊されない限り同じところに建ち続けます。しかし、物理的な寿命がかなり長い建物であるマンションにも、年数が経過するといろいろな傷みや汚れが生まれます。

年数がたつにつれて傷みや汚れなどの不都合が起こるのは、実はマンションだけではありません。古くなったモノは例外なく同じ経過をたどります。人間の身体についても、同じことがいえます。人間の場合は、年数が経過すると高齢化して、若いころになかった身体の不都合に直面することが多くなります。そうした高齢者の割合が増えて、いま高齢化時代を迎えているのは周知の通りです。

さて、マンションが登場してすでに半世紀を超える日が過ぎて、その数も五百万戸に近くなり始めています。長い年月を経てこれだけの数になったのですから、その中には建てられた時期が古いマンションが当然含まれています。膨大な数の全戸数の中で建築後三十年以上を経過したマンションが百万戸の大台に乗るまで、あと数年だというう見方もあるほどです。そういう意味で、古くなった建物の比率が多くなり始めたマンションは、今や人間社会と同じ意味での高齢化時代を迎えていると考えることができます。

体力が衰えた高齢者には、生活環境のちょっとした異変にも対応できる体力の維持が大きな課題になります。古くなったマンションでは、新しかった時期とは違った環境の変化に対する目配りが急所になります。高齢者の健康管理とマンションの危機管理には、想像以上の共通点があります。

ところで中村さんお身体の具合はいかがですか？
ああありがとうおかげさんで最近はよくなってきたよ
人間も年をとるとあちこちガタがでてくるよ
マンションも年数が経過すると不都合が起こるんじゃないのかい？
ええ
マンションが登場して50年を過ぎようとしています
築後30年以上のマンションは100万戸になろうとしていますから　今後いかに維持管理していくかが問題です
マンションも人間も健康管理が重要ですね
お互い気をつけような

8 借りて住むか、買って住むかの違い

借りて住むのが賃貸マンション、買って住むのが分譲マンション。住む点ではどちらも同じように思えますが、危機管理という課題を考える場合には意味が大きく違います。その点は、住むのに不安な危機が起こっても賃貸マンションなら引っ越してしまえばすむのに対して、分譲マンションでは買い手がつくまで出るに出られないという状態になることを考えれば、はっきりします。

この違いは、住んでいるマンションを持っているかどうかという点と関わりがあります。マンションを持つことは資産価値のある不動産の持ち主であることを意味しますから、法的な意味でのいろいろな仕組みが関係します。住みにくくなっても賃貸マンションなら簡単に転出できるのは持っていないためにこうした法的な仕組みから制約を受けなくてすむからです。住みにくくなって転出しても分譲マンションの持ち主であることが変わらなければ、住んでいるかどうかに関わりなく制約を受ける関係が続きます。

そう考えると、マンションの危機管理という課題は、実は分譲マンションだけのものであることがはっきりします。賃貸マンションなら転出するだけで簡単に答えが出てしまうのに対して、分譲マンションの場合はあくまでも持つことを前提とした様々な方法が要るからです。この点を避けたいと思うなら、マンションの住戸の持ち主であることをやめるつまり売る方法が必要になりますが、この場合にも、また不動産売却という点でいろいろな仕組みが関係します。危機管理は、資産を持つことの応用問題だといえます。

わたしはいま賃貸マンションに住んでいるから古くなったら越せばいいけど分譲マンションだったら大変ですね
「持つ」ことと「持たない」ことの差だね
分譲だと越すに越せないです
分譲マンションは資産としての価値があり法的にも制約があるものだ
「持つ」ことで様々な管理も生じてくる
マンションの危機管理はこうした分譲マンションに当てはまるものだ

9 分譲マンションの変化形が賃貸化・社宅化……

分譲マンションは「分譲」という方法で手に入れる住まいです。しかし、分譲マンションに住む人が分譲を受けた持ち主ばかりだとは限りません。持ち主ではあっても、そのマンションに住んでいない人は少なくありません。逆に、持ち主でなくても住んでいる人がいる場合もあります。さらに、個人ではなくて会社などの法人が持ち主になっている住宅にその社員などが住む場合もあります。

持ち主が住んでいない住宅の多くは、賃貸されているケースです。分譲マンションの一室が賃貸化しているわけです。また、持ち主が会社などの法人組織である住宅は一種の社宅となっているものと考えることができます。

いずれも、分譲マンションに住む人が個人の持ち主ではありませんから、分譲マンションに持ち主自身が住むはずだという原則から考えると、一種の応用問題のケースになります。

こうしたケースは大なり小なりどこの分譲マンションでも見られますが、まさかの事態が起こった場合に住む人が持ち主ではないからといってその住宅だけ手を打たずに放置しておくわけにはいきません。マンションという集合住宅では建物全体の問題として危機を考えなければならないからです。危機的な事態が起こったときには、持ち主であるかどうかという権利関係よりも、まず、そこに住んでいる人がいるという事実を最優先的に考えなければならない点は、一戸建て住宅にない事情です。危機管理という課題について、集合住宅としての分譲マンションが対応しなければならない現実的な課題だといっていいでしょう。

分譲マンションといっても このマンションは オーナーが賃貸にしたり オーナーが会社のため 「社宅」として使っている 物件が多いんだ
そうか 分譲イコール持ち主 というわけじゃないのですね
こういったケースは どのマンションでも あり得るものだ
住人が持ち主でないから 関係ないということには なりませんね
マンションの危機と なった場合は 持ち主うんぬんより 住人のことを考え なくてはならない
マンションは それぞれに 事情が 違うから よく 理解して おかないと イザというとき 大変になるのだ

コラム

「ホテル風高級アパート」だった国語辞典の中の「マンション」

今でこそ身近な「マンション」という言葉を、国語辞典はどう説明してきたのでしょうか。中心的な国語辞典とされる「広辞苑」も、半世紀以上前の初版にはこの言葉を掲載していませんでした。この辞典が初めて「マンション」をとりあげたのは一九六九年（昭和四十四年）発行の第二版からです。このとき「広辞苑」はマンションを「(邸宅の意) ホテル風の高級アパートの称」と説明しました。しかし、この説明は十年あまりたった第三版で「(邸宅の意) 中高層共同住宅の俗称。主に都市部で建てられる」と変わりました。さらに、八年後の第四版で「(大邸宅の意) 多くは中高層の、集合住宅の俗称」となり、続いて一九九八年（平成十年）発行の第五版で「(大邸宅の意) 中高層の集合住宅をいう。一九六〇年代後半から急速に普及」と変わっています。

ほかの国語辞典の例として「新明解国語辞典」をみると「高級性を志向した高層アパート。［個人・家族が使用する一郭には、賃貸と分譲方式のものとが有る］」となっています。国語辞典の説明法の変遷には、まさにマンションの歴史さながらの感じがあります。

第2章　そもそもマンションの危機って何？

1 そもそも「危機」って何？

「危機管理」は、普段から危機に備えておくことをさす言葉です。では、その危機とは、何のことでしょうか。

危機という言葉の意味を国語辞典で確かめてみますと、あやうい時や場合。危険な状態とか危険で不安な時といった表現が続々と目に入ります。いい方は様々ですが、起こっては困ることという意味では共通しています。やや詳しくいいますと、起こっては困るが、もし起こったらその困り方は容易ではないという意味になります。危機の意味を最も詳しく述べた新明解国語辞典には、生命が脅かされ、そのものの存立・基盤などが危うくされるおそれの感じられる絶体絶命の事態。ピンチと説明されています。

こうした説明にかなりの実感を覚えることが、このごろ目立って多くなりました。かつて危機といえば国家の安全とか会社経営の安定性と結び付けて説明されることが普通でしたが、最近では前記の説明にあるような個人生活のレベルと関連させるいい方が多くなりました。危機という言葉で語られるケースが一般化・日常化したといえます。予測できないけれども、いつかは起こる可能性を考えておくほうがいいという意味での危機にさらされながら、私たちはみんな生活しているといえるのかもしれません。

マンションは、そんな時代の空気を反映しながら建っています。世の中で起こることは、すべてマンションでも起こります。マンションには多くの人が住んでいるからです。マンションだけが危機の例外であることは不可能だといえます。

マンションの危機って何でしょう？
起こっては困ることだね
それによって生命が脅やかされ存立や基盤が危うくされるおそれのある事態だ
予測できないがいつかは起こるものだね
地震や火事などの災害がそうですね
マンションはすべての住人に被害が及ぶため影響は想像以上といえる

2

では「危機管理」って何？

どこで、どんな暮らしをしていてももしかすると不安な事態が降りかかってくるかもしれないから、前もってそれに備えておこうというのが「危機管理」の考え方です。したがって、危機管理は、一種の予測に基づいて成り立っています。この予測には、二つの大事なポイントがあります。

まず第一は、起こる可能性をどう考えるかという確率の問題です。砕いていいますと、万に一つというのと百に一つの違いです。滅多にないと考えるのと、もしかするとと考えるのとの違いでもあります。もう一つは起こるかもしれない事態の内容です。具体的にいいますと、どういう事態が起きてどう困るかを想像する場面でどんなイメージを思い浮かべるかということでもあります。当然ながら、その場面に、どんな人が、何人ぐらいいると考えるかによって、具体的な困り方がはっきりしてくることになります。

そうした考え方で想定する危機によって、取り組む方法も決まります。ですから、危機管理は、どんな事態を危機と考えるかによって具体的な内容が千差万別に異なるわけです。

こうしたことは、マンションにもそのまま当てはまります。どこのマンションで、どんなことが起こると、どういう点で、どのくらいの人が困るようになるかという点の想定の仕方次第で、マンションの具体的な危機の意味が鮮明になります。マンションの危機は、マンションごとに具体的な意味が違うのです。したがって、危機に対応するための危機管理も、またマンションごとに違うということになります。

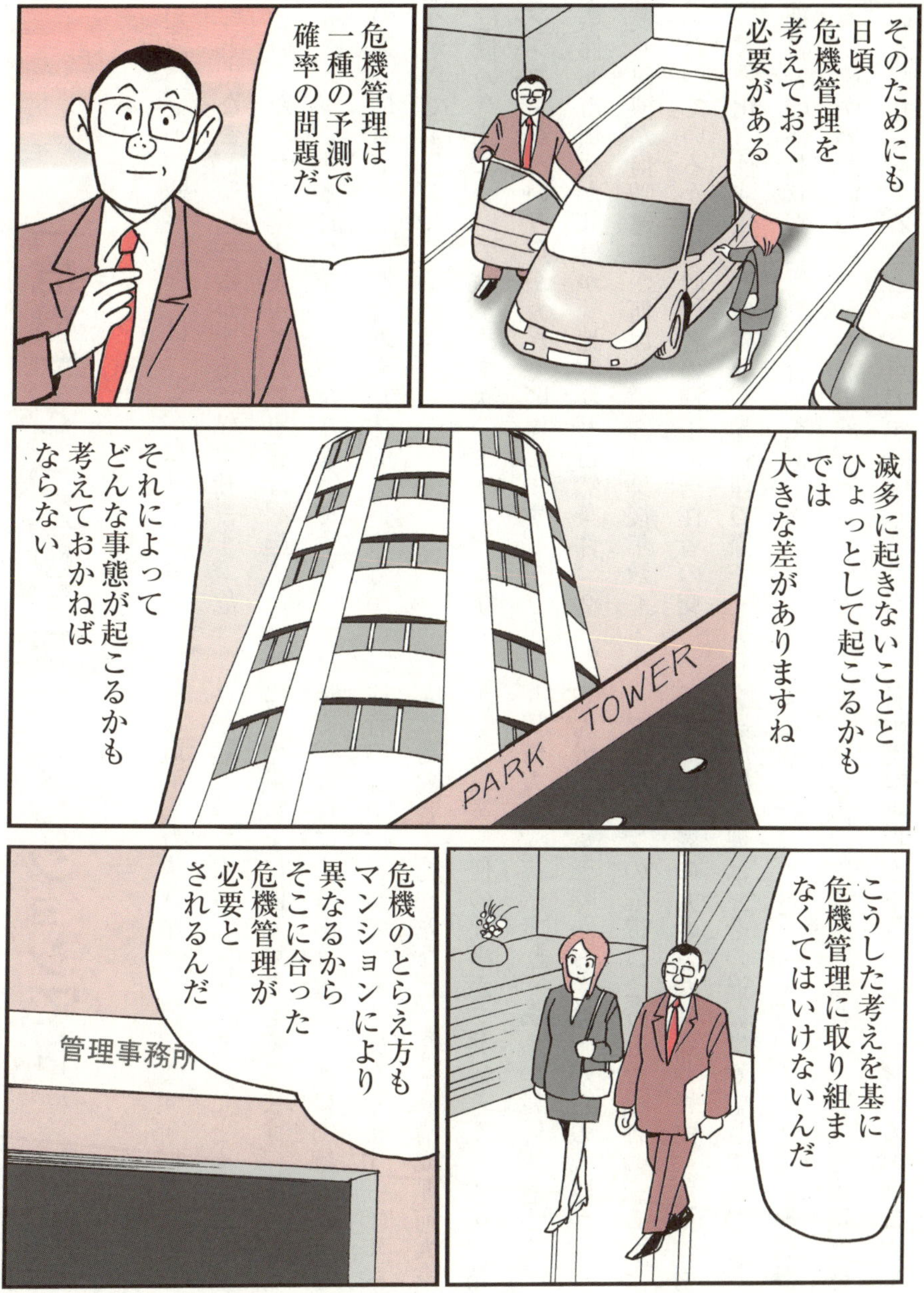
そのためにも日頃危機管理を考えておく必要がある
危機管理は一種の予測で確率の問題だ
滅多に起きないこととひょっとして起こるかもでは大きな差がありますね
PARK TOWER
それによってどんな事態が起こるかも考えておかねばならない
こうした考えを基に危機管理に取り組まなくてはいけないんだ
危機のとらえ方もマンションにより異なるからそこに合った危機管理が必要とされるんだ
管理事務所

3 「危機」と「危機管理」。マンションでは

「危機」や「危機管理」は、どんなマンションで、どんなことが起こるか次第で異なります。危機というたった二字で表現される事態は、起こる場所によって具体的な様子がかなり違いますし、その違いに対応する危機管理も具体的な進め方が違うからです。

危機の意味については、まず次のようなどんなマンションかという点が大きく関係します。①立地条件＝市街地か郊外か。地盤など自然条件。②規模＝何棟か何階建てか何戸か。③建築後年数＝何年たっているか。④居住者の様子＝居住者の交替、賃貸化、社宅化などの様子。⑤管理の様子＝管理組合の活動状況と管理会社の委託方式。

次に確かめたいのは、どんな事態が起こればどういう困り方をするかという点です。困り方は事態に直面した人次第で、違います。同じようなことが起こってもさして困らないこともあれば、逆に、想像以上に困る場合もあります。そういう意味で、危機による困り方は、次にあげるような居住者の様子によって大きく異なります。①年齢構成＝高齢者・乳幼児など。②家族構成＝何人家族か。③職業＝何の仕事か。共働きか。④居住条件＝賃借人か。高齢者か。あるいは障害者かなど。⑤入居歴＝竣工時からか途中からの入居か。

マンションの危機はこうした条件の組み合わせによって影響の大きさが異なります。危機に対応する危機管理は、その違いに対応して変わることになります。したがって、「マンションの危機管理」を具体的に考える場合は、物件の実情と居住者の実態把握が前提として必要になります。

管理事務
危機はどのようなマンションかで様々に変わるものだ
管理員
まず立地条件そして規模
築何年か居住者の様子管理の様子
様々な要因により違ってきますね
年齢構成 家族構成 職業 居住条件 入居歴
こうした居住者の様子によっても異なる
マンションの危機は様々な条件で影響の大きさも違ってくるから実態を把握しておくことが重要だ

4

マンションの「危機」1：防災関連のケース

マンションの「危機」のうち、まず最も多いのは地震や台風などによる自然災害です。これと並ぶのが火災や漏水などの災害です。実際には、地震による火災や台風による漏水のように因果関係を区別しにくい感じで複数の災害がいっしょに起こることも少なくありません。

こうしたタイプの危機には、大きな特色がいくつかあります。まず、第一は、この種の災害が建物全体に大きく影響する点です。地震はその典型です。第二は、災害による被害規模が建物規模と密接に関係する点です。火災が危機の典型である点はどんな場合でも同じですが、規模の小さなマンションの火災と大きなマンションの火災とでは被害の影響が一変します。高層マンションの上層階で火災が起こると消火のための放水が階下に漏水を起こすケースなどを考えると、その点がはっきりします。第三は、地域との関係が密接である点です。地震はその典型ですが、災害が起こると単にそのマンションだけでなくその地域全体に大きな影響をもたらすことになります。台風などにも、同じようなことがいえます。地震や台風などは、その意味でマンション固有の災害ではなく地域レベルのものですが、被害の起こり方には集合住宅特有の複雑さがあります。さらに、その複雑さには、それぞれのマンションごとの固有の条件が反映しています。そういう点では、同じときに起こった地震であっても、その被害の受け方はマンションごとに違うことが普通です。そうした被害の違いが、対応するための方法の違いをもたらすことをぜひ考えておきたいものです。

マンションの危機で最も多いのは自然災害ですね
そう地震や台風です
それに火災や漏水もあります
地震は建物全体に被害をもたらすし台風や水害なども大きな被害となります
これらは地域レベルの被害となるため対応も複雑になります
火災は小規模でも上階が火元なら放水で下の階にも二次被害が起きます
われわれ管理員は特に火災には万全の注意を払っています

5 マンションの「危機」2：防犯関連のケース

地震や火災のほかにも、いろいろなマンションの「危機」があります。そうした危機のほとんどは犯罪と考えなければならないケースです。事件とか事故と呼ばれるものが多く、地震や火災などの災害とは違う人間社会との関係が深いタイプの危機だといっていいでしょう。

人間社会と関わる性質の危機ですから、その内容もマンションやその周辺に住む人と大きく関係します。そのマンションに、どんな人が、何人ぐらい、いつごろから住んでいるか、そのマンションの建っている地域にはどんな人がどのくらい住んでいるかといった住む人によって危機のイメージが決まるともいえます。

この点は、マンションの立地条件とも関わりがあります。交通至便な都心のマンションなら仕事本位の生活を重視する働き盛りの年齢で家族数の少ない居住者が多いでしょうが、自然な感じが残る郊外のマンションなら育ち盛りの子供がいる家庭重視の核家族が入居者の中心になると思われます。

マンション周辺の様子にも、こうした違いがあるはずです。様々に異なるマンション内外の人たちの交流が自然な形で進むと、そこに地域コミュニティが望ましい形で生まれますから、大抵のことが日常生活の経験で認識できる範囲で進みます。しかし、その前提が成り立たなくなると、予想を超える形でいろいろなことが起こります。これが事件とか事故と呼ばれる突発的な危機です。その意味では、マンションの内外に住む人たちの様子次第で起こり方が異なる地域性の強い性質の危機だといえるかもしれません。

マンションでの事故や事件も多いですね
犯罪は自然災害に次ぐ危機ですね
このマンションも少さなお子さんがいるから注意しています
郊外型のマンションなら特に家族のいる家庭が多いから子供の事故に気をつけます
都市型マンションでは仕事中心や単身生活者も多いため 留守がちになります
マンションの立地や生活条件で事故や事件のあり方も違うようです
セキュリティは管理会社の最も重要な事項です

6 マンションの「危機」3：物件固有のケース

マンションの危機には、その物件だけに特有のケースもあります。ほかの多くのマンションでも起こり得る一般型の危機ではなくそれぞれのマンションだけに固有の事情を反映した性質のものですから、その内容も起こり方も千差万別です。大半はそのマンションに住む人の日常生活レベルで生まれるぶつかり合いといった性格が強いため、危機と呼ぶよりは「トラブル」と呼んだほうがいいような感じもあります。しかし、そうしたケースが何回も起こりその影響が無視できない大きさになったりすると、もはや一過性のトラブルではなく、再発防止が必要な危機として考えることが必要になります。

こうしたそれぞれのマンションに固有の危機は、そこに住む人たち自身の生活の仕方をめぐって起こることが多いものです。生活の仕方は人によって様々ですから、マンションに住む人の数が多くなるほどその違いが目立つようになります。危機発生の原因がそうした多数の人によって異なる生活の仕方の中にあると考えると、マンションごとに固有のこの危機はマンション内在型の危機だと考えることもできます。

危機の発生原因が内部にある点で、このタイプの危機は地域など外部とはまったく関わりがありません。いわばそのマンションだけの危機ということになりますから、最終的に、そのマンションの不動産物件評価に直結する影響をもたらします。あぶないマンションという評価の低下を防ぐ危機への対応を最も必要とするのは、そのマンションに住む人たち自身だといえます。

もう一つの危機はマンション固有のもの
固有？
住人間のトラブルですね
住む人たちの生活の中でのトラブルはささいなことからマンションの価値低下となるものまで様々だ
正直これはまったく予想がつかないものだけに困りものです
大きなマンションほどトラブルは多いといえますね
外からはわからないからなおさらこの「危機」は重大かもしれないね

7 マンションの「危機」は因果関係が見えにくい

「危機」が起こるのにはそれなりの原因が必ずあるはずです。ところが、ほとんどの場合、前触れもなく出し抜けに予想外のことが起こると、何が原因でそんなことが起こったのかがわからなくなり、放っておけない事実の確認がかなり難しくなります。そうなると、起こった事実に対応する手段もわからなくなりますから、これは実際問題として無視できない厄介な課題だといえます。

マンションの危機でも、この事実確認の難しさが最初のハードルになりがちです。まず、住んでいるマンションの全体像がわからないと事実確認が難しくなります。マンションは規模が大きくて複雑な建物なので、知らないままの部分が想像以上に多いことを考えておかなければなりません。規模の大きなマンションほど住んでいる人にもわからないままの箇所が多くなることを忘れるわけにいきません。マンション特有の建物構造が複雑なことも、事実確認を難しくします。住む人の実情把握についても同じです。近隣の人と没交渉な生活感覚だと、同じマンションなのに名前も顔もわからない人ばかりで事実確認ができなくなります。

さらに、危機が起こった時点までの時間経過が重なるという事情もあります。〝いま見えている危機〟は、これまでの時間の経過がもたらした結果であることが多いからです。マンションの危機は建物や居住者をめぐる〝現在〟の実情とこれまでの時間の流れによる〝過去〟からの実情とが重なって起こる場合があり、そうした危機では、特に因果関係が見えにくくなります。危機はこうした因果関係の積み重ねでもあります。

管理員さん
コッコッ
はい
おっちょうどいいところに宮田さんがいた
どうしました？理事長
――のことがわからなくてねお宅に記録があるだろ調べてくれないかなあ
わかりました
どうもこの規模のマンションだと全体像がつかめなくてね
仕方ありません私どもでも完全には把握できているとはいえませんからね
近隣との没交渉がマンションの特徴だがこういうときは困るね
まったくです

8

目をそらすほど進むのがマンションの「危機」

何となく気がかりなことをあまり考えないようにする傾向は、誰にもあるものです。まして、それが滅多に起こらないようなことであれば、なおさらです。同じことが、マンションでもいえます。マンションには大勢の人が住んでいますし、〝もしかすると起こるかもしれない〟ことを何も自分ひとりで気にすることはないと思いがちですから、ますますこうしたことを誰も考えなくなります。

しかし、この気がかりなことが、実はマンションの「危機」につながります。何となく気になるのは起こってほしくないことが起こる可能性があるからです。その不安が漠然としているのは、自分のほかにもいっしょに住んでいる人がたくさんいるという集合住宅の実情が一種の他人頼みの心理をもたらして不安を薄くするからではないかと考えられます。自分のマンションの実情についての認識不足がこうした傾向を大きくしている可能性もあります。よそのマンションで起こっても、まさかうちのマンションで起こるはずがないという他人事の感覚が、こうした不安感を助長することもないではありません。

住む人がみんなこう考えるようになると、つかみどころがない不安感だけが広がって誰も対策を考えていないという最悪の状態になります。

こんな状態を打開する鍵は、起こってほしくない事態から目をそらさずに取り組み方を考えるという組織的な発想です。みんなで不安を直視してみんなで考えるという考え方が効果をもたらすのも、分譲マンションの危機だけに特有な点です。

実は以前他社の管理するマンションで貯水槽の事故がありました
ほう
まさかと思うような事故でした
住人の方も何となく気にしていたらしいのですが
どうも他人任せの感覚でいたようです
たしかに集合住宅は他人任せ理事長任せになることが多いわな
そこのマンションはその事故以来管理組合が見直され住民の意見や監視が届くようになったといいます
みんなで考えないと「危機」にたち向かえないねえ

9 外から入ってくる「危機」：防御が鍵だが……

マンションの「危機」の中で、外部環境に原因があるタイプのものがあります。地震や台風のような自然災害はその典型例ですが、盗難など外部からの侵入者による犯罪事件などもこのタイプの危機と考えていいでしょう。

因果関係の成り立ち方からいえば、こうしたタイプの危機は外部発生型とでもいえるかもしれません。ただし、こうした危機についてはいくつか理解しておかなければならない点があります。

その第一は、発生原因が外部にある危機でも、その具体的な起こり方はそれぞれのマンションの実情を反映して様々に違うという点です。阪神・淡路大震災のときに同じエリアのマンションが様々な被災状況になったことを考えれば、この点は明らかです。地震という外因である点に共通性がある危機であっても、実際にはそれぞれの立地条件や建物規模などを反映して被災の仕方はマンションごとに違う結果が生まれます。

第二は、外部に原因がある危機に備えようとして防御に徹すればいいとは限らない点です。外部からの出入りを極度に抑えようとすれば、そのマンションは鉄の要塞型の建造物になってしまいます。この考え方が過度になると、そうしたタイプのマンションは地域から浮き上がった存在になる可能性も生まれます。ほとんどの危機についてマンション自身が対応力をもっていないために地域との協力関係を必要とする点を考えると、こうした防御一辺倒の考え方には注意を要することがはっきりします。最終的な決め手は、危機に対応する必要性を地域と共有する感覚です。

最近
この付近でも
空き巣が入って
不安になって
いるんだ
このマンションは
オートロックだから
安心です
それはいいが
あまりにセキュリティを強めて
「鉄の要塞」といわれる
マンションじゃ味けないしね
不審な人の
行動を
住人全員が
気をつけて
いることが
一番
なんだがね
ただ
地震の場合は
防ぎようが
ないな
この
マンションは
耐震性は
高いほうです
同じような
マンションが
並んでいるが
それぞれ
立地条件が
異なるため
被災の
様子も
違ってくる
だろうな

10 中から生まれる「危機」：結果が残る点に注意

マンションの「危機」には、その物件の中に原因があるタイプのものがあります。住む人自身による様々なトラブルが度重なって住みにくさをもたらすようなケースは、一種の危機と考えることが必要です。トラブルではなくても建物構造に原因があるような異変がたびたび重なると、これも危機という認識で対応しなければならなくなるでしょう。建物の構造に起因する漏水事故が頻発するケースなどは、その典型例です。

こうした危機をもたらす原因はマンションの中にあることがはっきりしていますから、このケースの危機は内部発生型といえるかもしれません。

このタイプの危機では、起こった状況をマンションに住んでいない人になかなか理解してもらいにくいという事情があります。特に、もともと何も問題なく平穏に住んできた人同士が突然思わざる事態に直面するために感情的な対立を生むことが多く、これが当事者以外の理解を得にくくすることが多くなります。こうした点があるために、このタイプの内部発生型のケースは危機としてよりもトラブルとして受け取られる傾向が強いように思われます。

しかし、起こっては困ることが突然起こるという危機の本質を考えれば、こうしたトラブルが繰り返して起こるときはやはり危機として考える必要があるでしょう。

この内部発生型の危機では、そのマンションの不動産評価の低下をもたらすことが多くなりがちです。とりわけ、危機の内容による一種の風評被害が生まれる点に注意が要ります。

そういえばおたくが管理するマンションで漏水事故があったというじゃないか
ここは大丈夫なんだろうね
ご心配をおかけしました申しわけありません
あの事故は住人の方の違法な工事が原因で　マンション自体に起因するものではなかったのですが風評被害で困りました
そうだったのかい
私どもも内部発生の危機までは考えが及ばなかったため手配が遅れてしまったのです
トラブルもヘタをすればマンションの不動産価値にも影響するわけか

11 手に負えない危機も「気づく」ことができれば

何か放っておけない事態のことを「危機」といいます。放っておけなければ、何か手を打たなければなりません。しかし、大抵の危機は直面した人たち自身の手には負えないことが普通です。住んでいる場所が複雑な構造の建物であるマンションの場合には、特にそういえます。

そうであれば、危機が起こったときに必要なことは手を打つための外部の援助を早く求めることです。危機に取り組める人がマンションに住んでいればラッキーですが、そんなことは滅多にないでしょうから大抵の場合危機への対応はマンションの外部に求めることになります。この点は、火災と消防署や事故・犯罪と警察署との関係を考えれば明らかです。その対応の仕方は、危機の性質によって様々に異なります。緊急電話の番号が110番で警察、119番で消防署と分かれているのも、その対応関係があるからです。

ただし、こうした外部の関係者に危機の発生を知らされなかったら、何もわかりません。知らせることが、危機に対応するための行動の第一歩です。知らせる人がいなければ危機はどんどん広がりますから、結局〝誰かが一番初めに気がつく〟ことが大事な意味を持っているわけです。マンションで起こる危機は誰の手にも負えなくても必要なところに〝知らせる〟ことはできますし、またそれが必要でもあります。知らせるためには誰かが気づくこと。気づかれないまま広がり続けた危機は、本当に誰の手にも負えなくなってしまいます。早期発見・早期対応が大事なのは、病気だけのことではありません。

よう
山田さん
おや
下山さん
こちらは
近くのマンションの
理事長を
やっている
下山さん
ウチの
管理会社の
宮田さんだ
よろしく
そうかい
「危機管理」の話かい
ウチでも先月
ボヤ騒ぎがあって
大変だったぜ
そういえば
消防車が
かけつけて
ましたね
たまたま
気づいた人が
いたから
大事に
ならなかったが
冷や汗
かいたよ
それ以来
死角には
監視カメラを
とりつけて
早期発見を
心がけて
いるんだ

12 一次情報次第で「危機」は大小が決まる

盗難や犯罪があれば110番で警察へ、また火災や急病の場合は119番で消防署へ電話することだけは、多くの人が知っています。しかし、誰が、いつ、その電話をかけるのかとなるとあいまいになりがちです。まして、こうした緊急電話をかけても、どういう話し方をすればいいのかとなると、不慣れな人が多くなるはずです。

「危機」は前触れなしに突然起こりますから、ほとんどの場合、気持ちの用意ができていません。危機に気がついても、自分がこうした緊急電話をかけることと自体をためらうことが多いものです。ためらうことがなくても、きちんとしたかけ方ができるとは限りません。知らされた相手のほうは、緊急事態を知らせてきた人がどこにいるかはもちろんのこと、どういうことが起こっているのかもわかりません。電話を受けている人からいえば、すべて緊急事態を知らせる人のいい方だけが唯一の判断情報になるからです。

この点は、マンションの危機では、特に注意を要します。マンションの場所を知らせるだけならそれほど骨は折れませんが、起こった事態を知らせる場合、どんなマンションの、どの部分で、どんなことが起こっているかを電話で説明するときには話し方に工夫が要ります。特に、規模の大きなマンションでは、その点に注意が要ります。

こうしたことは、マンションに住む人の情報発信力と大きく関係しています。必要なときに・必要なことを・誰に・どう知らせるかという危機発生段階での情報発信の仕方が、危機の規模を大きくもしますし小さくもします。

そのときのボヤは誰が発見したのですか？
そうさな
たしか2階の田中さんのお子さんだった
お母さんに知らせて119番にかけてくれた
適切な電話のおかげでウラ階段の一部を焼く程度ですんだのさ
ほんと助かったよ
緊急の連絡ってなかなかできませんものね
それがあってウチでは総会のとき緊急の場合の連絡方法や処理などを話し合うようにしたんだ
それはいいことですね
ウチのマンションでもとり入れようどうだい？
いい考えです

13 自分の「危機」はマンションの「危機」か

起こってほしくないことが「危機」の本質なら、危機は個人にもマンション全体にも降りかかります。ただ、その内容が少し違います。自分にとって起こってほしくないことはマンション全体にとって起こってほしくないことと必ずしも同じではないからです。

この「起こった事態」の受け取り方には個人の住む住戸の位置やつくり方での違いが関係します。二十年近く前に東京の二百戸を超える高さ八十一メートルの高層マンションの最上階に近い階層で火災が起こったことがありました。この火災で焼失したのは出火した一戸にとどまりましたが、出火した住戸に向けられた消火用のおびただしい量の放水が直下の数十階の住戸に漏水を引き起こした可能性が考えられました。

こうしたケースでは、火災というマンション全体の危機と、上階からの漏水という直下階にとっての危機が重なります。いずれも危機には違いないのですが、その影響や受け取り方は住んでいる住戸の位置や階によってかなり異なります。同じ建物の同じ火災でも、その建物のどの位置でその危機に関わったかが受け取り方に認識の違いをもたらします。その違いによって、これから起こることが予想される危機に対する取り組み方の違いが生まれがちです。

対岸の火事といういい方がありますが、同じマンションで起こった危機も、そのときどこにいたかによって切迫感がかなり違うものです。この違いが危機に対する取り組み方を決めるときに、微妙な影響を及ぼしがちです。

しかし
あのボヤは
1階だったから
大した被害は
なかったが
上のほうの
階だったら
大変だった
たしかに
上の階が
燃えれば
放水で
下の階も
びしょぬれに
なりますね
1フロア
2フロアの
問題では
すまない
二次被害が
出るな
消火器の
徹底を
呼びかけて
いるところだ
特に
上階には
多めに
設置して
いこうと
考えている
上階の火事は
下の階にも
及ぶことを
もっと知って
もらわねば
なりませんね

14

住む人によって「危機」は変貌する

同じマンションで起こる同じような「危機」でも、そこに住む人によってその様相はかなり異なります。それは、危機が意味する放っておけない事態のあやうさの具体的な意味が住む人次第で変わるからです。この点は、建築後年数が長くなったマンションで特にはっきりしています。

建てられてから年数がたったマンションの場合、当然ながらその物件に竣工時から住み続けている人には建物と同じ年数が経過します。建物と人間が同じように高齢化するわけです。しかし、住み続けないでよそへ引っ越していく人もいますから、そうした人が住んでいた住戸は中古物件として売り出されます。中古物件の多くは建築後年数に対応して価格が低くなりますから、古くなったマンションは収入が少ない若い人にも買いやすくなり、結果的に、長く住み続けてきた高齢居住者と途中から入居してきた若い居住者とが同じマンションで隣り合って住む状態が生まれます。

住む人の全員が高齢化しているマンションなら、そこで起こる危機の様子もそれなりに把握しやすくなりますが、こうして異なった年代層が入り混じって住んでいるマンションでは、起こった事態を危機として感じ取るあやうさが人によってかなり異なる難しさが生まれます。

危機のあやうさをどう判断するかによって対応の仕方が決まりますから、この点には無視できない意味があります。マンションの危機は、そこに住む人の様子次第で大きくもなり小さくもなる傾向があります。居住者の実情把握が危機の確認には欠かせないといっていいでしょう。

ここのマンションは住民の入れ替わりは少ないね
そうですね新築時からお住まいの人が大半です
ウチは入退居がなぜか激しいよ
だから新築当時から住む人と中古物件として入る人が半々になり　年配者と若い人になっている
多くのマンションはそういう傾向にあります
おかげでマンションへの愛着っていうのかなそういうのが強い人と弱い人になってきたような気がするんだ
総会で全体像を把握しようと思っても若い人らはプライバシーなんとかで協力してくれないから困っているんだよ

15

マンションの周辺にも「危機」は大きく関わる

マンションはそれなりの大きさの建物ですから、マンションが建っていること自体がその地域にいろいろな関係をもたらします。巨大建築物であるマンションは、周辺の地域とまったく無関係に存在するわけにいかないといえます。

そうしたマンションで「危機」が起これば、周辺地域にもその危機が様々な影響をもたらします。「マンションの危機」がそのマンションだけの危機にとどまることは、実際上あり得ません。例えば、高層マンションで火災があればはしご付き消防車が駆けつけますが、はしごの長さによって消防車の車体が大きくなりますから、その消防車が必要とする道幅の広さに対応した広い地域にいろいろな影響が生まれます。

地震などで倒壊の不安があれば、そうしたマンションの危機は、もっとストレートな影響を周辺にもたらします。災害とは異なるケースでもマンションはそこに住んでいる人の多さによって周辺に様々な影響を及ぼします。その影響の生まれ方は、危機の場合、普段の予想を超える形で起こることが多いだけにマンションと周辺地域との関係に思わざる波紋を生むこともないとはいえません。波紋の生まれ方によっては、そのマンションの不動産評価イメージの低下を招くこともないではありません。

マンションの住みよさの確保には地域との共存関係の維持が大前提となりますから、危機による周辺地域への影響を考えておく必要があります。この点が規模の大きいマンションほど重要な意味を持つことは、もちろんです。

おや みなさん お揃いだ
あ ご近所の町内会長だ
管理会社の宮田さんまで何か あったのですか？
いえいえ
そうですか マンションの危機ねえ
私どもも無関心ではいられませんよ
あのボヤさわぎでは大変でした
うちのマンションのボヤ騒ぎでご近所の町内会さんにもご心配をかけました 申しわけありませんでした
もし地震のとき倒れたらわしらはぺちゃんこじゃ
そこまでヤワじゃありませんよ～
冗談冗談
町内とマンション お互いに仲良くやりましょうや
これからもよろしく頼みます

16 賃貸化住戸が多いマンションの「危機」は……

住んでいる人が住戸の持ち主ばかりのマンションと持ち主ではない人が住んでいるマンションとでは、「危機」の様子に微妙な違いが生まれます。持ち主でない人が住んでいる場合の多くは賃貸化した住戸です。住んでいる人から考えれば、分譲マンションなのに賃貸マンションと変わらない感覚で暮らしていることになります。住戸を資産として持っている立場で考える危機と場合によっては転出できる賃借人の立場での危機に微妙な違いがあるのは当然です。

危機には、起こってほしくない事態が起こらないように手を打つことによってある程度事前に対応できる部分があります。つまり、危機の予防です。前もって起こりそうな事態を予想して、その原因となるようなことをできる限りなくしておくことが「危機の予防」の原点です。この考え方は、住戸を持っている人にとっては自分の資産の価値保全というかなり大事な意味を持っています。しかし、問題があればいつでも引っ越して危機から遠ざかってしまえる賃借人にとっては、それほど大事な課題にはなりません。特に、借りて住むところに不自由がない状況では、そういう感じになります。危機には、持ち主と借り手で微妙な温度差が生まれがちなのです。

分譲マンションであっても、実質的に全戸数の何割かが賃貸化していることが珍しくありません。起こっては困ることをできるだけ防ごうと考える「危機意識」や実際に危機が起こったときの初期段階での気づき方などで、持ち主と借り手に違いがある実情は無視できないでしょう。

町内会長は話がわかる人でうちのマンションも何かと助かってるんだ
よかったですね
しかしなウチのマンションにもいいかげんな住人がいて町に少々迷惑をかけることも少なくない
どういうことです?
分譲物件を賃借している住人の一部だ
そうか住人イコール買主というわけではありませんね
こういう人らと分譲派の人たちとではマンションへの関心が少し違っているんだな
温度差がありますね

17 マンションの「危機」は繰り返し再発する

マンションは長寿命の建物ですから、何十年も建ち続けます。その長い間には放っておけないようなあぶないことが起こります。これがマンションの「危機」ですが、そういう危機は一回起こったらもう二度と起こらないわけではありません。同じことがまた起こることがありますし、むしろ後から起こるほど放っておけないあぶなさの度合いが大きくなることもあります。

危機が生まれる場合には、必ずそれなりの理由があります。その理由がなくならない限り、同じ危機が繰り返し起こる可能性があるものです。危機の理由は様々ですが、一過性のものではなくずっと存在し続ける性質のものが普通です。例えば、地震が発生する理由となる地盤条件などはその典型例でしょう。火災などは常日頃の注意によってある程度の予防ができますが、最終的には住む人それぞれの意識によるところが少なくないでしょう。建物の構造や地域の状況が危機に関係する場合は、そう簡単にこうした点が解決することはあり得ません。さらに、高齢者が多くなったマンションでは以前は簡単だったケースが対応しにくくなるといった事情もあります。

危機には、同じ理由がある限り繰り返して再発する可能性があります。一回うまく対応しておけばもう大丈夫というわけにはいきません。同じ危機が再発するだけでなく、むしろ後になるほど年数経過による複雑化傾向も生まれます。最初の危機への取り組み方を教訓として、同じ危機の再発を防ぐとか防ぎきれなくても被害を小さくするといった活かし方がポイントです。

ボヤさわぎをきっかけに住人が危機の意識をもつようになったよ
防災訓練の回数もふえたし　今まで無関心だった住人も参加するようになった
またいつ起こるかわからないから準備しておくに起こしたことはないね
うちは以前から管理会社がしっかりアドバイスしてくれてるよ
ありがとうございます
ウチの管理会社もボヤさわぎ以来よく動いてくれるようになった
住人も管理会社も災害は繰り返し起こるってわかったようだ
みなさんが危機の意識を持つことが大事ですね

コラム

約二十年前の雑誌がマンションの死角を特集していた

今は姿を消しましたが、かつて「科学朝日」という雑誌がありました。この雑誌の一九八七年（昭和六十二年）十一月号は「高層住宅の死角」という特集を掲載しています。特集は専門の学者が書いた三つの論文で、「犯罪と子供・幼児のいる家庭には向かない」「心と健康・欠けている人間関係への配慮」「事故と災害・機器だけで安全は得られぬ」というのがそのタイトルです。この特集の冒頭には、次のような文章が出ています。「日本人の住生活は、上へ上へとのぼりつつある。……しかし、日本での歴史はまだ浅いだけに、高層住宅は多くの問題を抱えているのである。」この特集が掲載されたのは、昭和の終わりでバブルが始まる少し前でした。当時のマンションは、全国で約百七十三万戸。現在のマンションは全国で五百万戸に及ぶのがもう目の前ですから、マンションがまだそれほど多くなかった時代の特集です。この特集からもう二十年近い年数が過ぎましたが、この特集冒頭にある「高層住宅は多くの問題を抱えている」実情は、むしろ無視できない状態になり始めているのではないでしょうか。

第3章 マンションの危機管理を確かめる急所は何？

1 マンションが古くなると劣化する

年数が経過すると何でも古くなります。マンションも例外ではありません。その現象はとりわけ建物に集中して現われます。建物が古くなって生まれる傷みや汚れを「劣化」といいます。劣化には高齢化に似た感じがあります。

マンションの「危機」は、この劣化に大きく関係します。地震に例をとりましょう。地震はいろいろなものに同じような影響を及ぼしますが、その被害は建物自体の状況によって違います。地震の振動という物理的な現象の現われ方が、建物の対応力によって違うからです。建物の対応力は、建物の劣化がどういう状態になっているかによって決まります。劣化が放置されたままで何も手を打たれない状態の建物では対応力が低下して地震の振動がストレートな影響をもたらしますが、劣化に対応して必要な対策が講じられている建物では同じ程度の地震の振動でもかなり耐えられる可能性が強くなります。同じ年齢の人間の身体でも、体力の低下を考えた健康管理によって病気に対する抵抗力がかなり違うのと、よく似ています。

マンションの危機管理を考える場合には、こうした建物の劣化についての対応が大きなポイントになります。年数がたてば例外なく劣化が生まれるのですから、気がつく限り劣化に対応する手を打っていれば危機のもたらす不安は小さくなる可能性があります。そのためには、建物のどの部分にどういう劣化が生じているかを必要に応じて確認することが必要になります。危機管理の重要な急所の一つが劣化の確認と必要な対策の実行であることは、間違いありません。

このマンションは
築25年で
ウチの管轄内でも
古い物件の一つだ
それにしては
きれい
ですね
管理組合が
しっかりしていて
修繕や
手入れを
心がけて
いるからだ
人間でいえば
健康管理を
しっかり
しているって
とこかな
じつは
つい最近
大規模修繕工事を
やったばかりなんだ

2 修繕工事は危機管理の必修科目

どんなマンションにも必ず劣化が起こることと、その劣化を放置しておけないことがはっきりしているのですから、劣化に対応する手段として修繕工事が必要になります。危機管理の大事な急所が劣化への対応であることを考えれば、修繕工事が危機管理対策として最も大事な対応方法の一つであることが明らかです。

しかし、この修繕工事は一回だけすませておけばいいというものではありません。必要に応じて何回か繰り返していくことになります。それは、いったん修繕工事をすませて劣化に対する手を打っても、修繕工事が完了したばかりの段階からまたその部分に新たな劣化が始まるからです。年数の経過によって起こる劣化は繰り返して起こることをいつも考えておかなければなりません。

こうした劣化は、建物が竣工して多くの人が住み始めたその日から始まります。しかも、その劣化は目に見えない部分を含めた建物のいたるところで時間の経過とともに避けようもなく起こりますから、時機を失しない修繕工事をすませておくことは危機に対応する建物の強さを確保する上で想像以上に大事な意味を持っています。修繕工事をしないで放置されると、傷むに任された建物の劣化が進むばかりで、危機に対応できるだけの建物の力は確実に低下していきます。

マンションは規模が大きくて複雑な建物ですから、劣化に対応するための修繕工事の実行には計画的な取り組み方や費用の確保が必要です。修繕工事は危機管理の必修科目ですが、その実行にはこうしたことが大前提となります。

よお宮田さんごくろうさま
山本理事長
その後いかがです？
おかげで問題なしさ
しかし修繕工事って一回やればいいと思っていたが二度目もしなくてはいけなかったとはね
劣化は直したときから始まりますから
宮田さんのアドバイスで長期修繕計画を立てていたから出費も楽だった
悪くなる前に修繕すればより長く保てます

3 修繕工事は建物診断が前提となる

危機管理対策として効果を発揮できるような修繕工事には、それなりの進め方が必要です。そのポイントは必要な時期に、必要な箇所に、必要な方法で進める修繕工事だという点です。そうした修繕工事の必要性を確認するためには信頼度の高い「建物診断」が欠かせません。

修繕工事に先立つ劣化の実情を確認するために建物診断が必要になる事情は、病気の治療にあたってまず様々な検査が必要になるのと同じです。治療しなければならない病気がどの部分で起こっているかを確かめて投薬や手術の方法が決まるのとまったく同じことが、建物診断という準備段階の調査と修繕工事との間に成り立ちます。

建物診断は一定の分野ごとの専門家によって行われますが、これも病気治療前の検査が専門の医師によって行われるのと似ています。検査の結果で治療方針が決まるのと同じように、建物診断の結果によって修繕工事の進め方も決まります。

医師による検査は、患者が訴える病気の症状によって方法が決まります。建物診断の場合も、建物のどの箇所でどういう方法の調査を行うかは、マンションに住んでいる人が建物診断の専門家に告げる劣化の様子次第で決まります。この点も、建物診断が医師による検査とよく似ています。

人間の身体は検査をきちんと受けることによって健康を維持できますし、病気の予防もできます。それと同じことが建物診断と修繕工事の関係にも成り立つとすれば、適切な建物診断は危機が起こってもできる限り被害を小さくすることや予防対策の効果をもたらすといえます。

修繕工事は何年目というように決まっているのですか?
普通12～15年目が目安だが　その前に建物診断をするんだ
人間でいう健康診断だね
立地や使用頻度により建物の劣化は違ってくる
専門家に診てもらい診断結果を基にして管理組合に提案をする
それによって修繕工事が早まったり延びたりすることもある

4 劣化放置が増幅する危機1：外壁剥落《はくらく》事故

年数がたつと建物が傷むことがわかっているのに手を打たないで放置しておくと、いろいろな事故が起こります。どんなマンションでも起こり得るそうした事故の典型は、「外壁剥落《はくらく》事故」です。

コンクリート建物であるマンションでは、「躯体」（建物の骨組みとなる本体）の中の鉄筋や鉄骨に外部からの水が浸み込んで錆びてきます。その結果、錆びて膨れ上がった部分がコンクリートを中から押し出すような感じで外壁の一部分を盛り上がらせる膨《ふく》れを生じます。この現象が限界まででくると、外壁が部分的に剥《は》げ落ちます。時として何メートルにもなることがあるコンクリートのかけらが落ちてくることがあります。

これは危険極まりないアクシデントで、起こっては困る「危機」の典型的な例です。しかし、この事故はどこでも起こる可能性がありますし、かつて人身事故を起こしたこともあります。この事故は劣化の放置が原因ですが、地震などの場合には事故の起こり方が増幅されて剥落する外壁のかけらが普通以上に大きくなる可能性も考えられます。外壁の剥落事故はマンションに住んでいる人だけでなく部外者にも人身事故を起こす可能性があるので、注意を要します。

剥落事故を防ぐための外壁改装工事はもともとマンションの資産価値維持の点で、どこのマンションも避けて通れない必修科目のような性質の修繕工事です。その意味で、外壁改装工事は資産価値の維持と危機管理対策という二つの目的を持ったものだといってもいいでしょう。

このマンションもそんなに劣化を感じていなかったがタイルの落下事故で修繕工事の必要性が出てきたんです
外壁剥落ですか？
玄関先にこのくらいのタイルとコンクリートのかけらが落ちていたんだよ
幸い事故にはならなかったが万が一人に当たっていたらと思うとぞっとしたね
外壁剥落は内部の鉄筋が錆びて膨れることで外壁の一部を押し出すのです
ポロリ
おかげで居住者が修繕の必要性を知ってくれてスムーズに工事に入れたんだ

5

劣化放置が増幅する危機2：漏水事故

人間は水なしで暮らしてはいけません。ですから、住宅には必ず水を使える設備が必要です。給水管や排水管がそうした水回《まわ》りの設備の典型です。この点は一戸建て住宅もマンションも同じですが、マンションの場合は上下に住宅が重なり合っているという構造上の特殊性があります。

こうした水回りの設備が劣化すると、管に微細な穴があいて水が漏れるという現象を引き起こします。マンションの場合は、上の階の住戸の管から階下の住戸に水が漏れるという「漏水事故」になります。漏水事故は水漏れの原因を引き起こしたほうでは気がつかないことが多いのに、漏らされた階下の住戸のほうでは突然生活の場に水が漏れてくるため同じマンションに住む人同士が加害者と被害者の対立関係になる点が厄介です。また、水漏れが起こると配管が本管と枝管でつながっているため構造的に原因が確かめにくいという点も厄介です。

漏水事故は、建築後の経過年数で起こる時期のおよその見極めがつきます。その点に着目して、ある程度の年数がたてば漏水事故を防ぐための配管改修工事を実行することが必要です。配管の劣化による漏水防止のための修繕工事だといえます。

漏水事故は建物全体の配管の劣化状況を反映して起こることが多いものです。その点を考えた配管改装工事をしないままの建物では、ある時期になると漏水事故があちこちの住戸で頻発する事態が生まれます。地震があると、この状況がさらに増幅されます。こうした漏水事故が多くなると不動産評価が低下することはいうまでもありません。配管改修工事も、危機管理対策の重要な項目です。

そういえば そろそろ 給水排水管の 点検も必要な 時期だね
以前 一部の部屋で パイプを見させて いただきました
サビやアカが かなり溜って いたなあ
放っておくと 配管に穴ができて 漏水事故に なります
今回は配管の錆を取り除いて 錆止めのための樹脂を 塗りますが 長期的に見れば 配管改修工事も 必要になるかもしれません
その 計画書も 作成して くれるかい？

6

劣化対応の決め手1：長期修繕計画

修繕工事が危機管理の重要なポイントになるのは明らかですが、実際問題として考えると、一戸建て住宅の修繕工事とは違う厄介な事情があります。まず、何といってもマンションは建物が大きくて複雑ですから、どこをどう修繕する工事が必要なのかという点の確認がたいへん難しいという事情があります。

もっと厄介なことは、修繕を必要とする箇所が自分ひとりのものではなくてそのマンションの人全部で共有することになるため自分の一存では何も手が打てないという点です。工事の費用がかなり大きくなるという現実的な問題もあります。

こうした難しさを解く鍵は、そのマンションの住戸を持っている人がみんなで組織的に修繕工事を進めるという考え方です。この考え方をもとに、建物全体の劣化の様子を確かめて計画的に修繕工事を進めるというやり方が手がかりとなります。

詳しくいいますと、専門家による建物診断を行って、その結果に基づいた修繕工事の予測をまとめます。予測は、建物の場所ごとにこれから何年たつと、どこの部分で、どういう劣化がどの程度に進むかを表の形でまとめます。こうしてまとめた表が、「長期修繕計画」と呼ばれるものです。

長期修繕計画があるマンションでは建物の実態が確かめられていますから、劣化が放置されて進みっぱなしになることがありません。修繕工事を計画的に進められますので、費用と手数も無駄が生まれません。地震などの自然災害があっても被害が増幅することを防ぐことができます。長期修繕計画は危機管理の重要な手段になります。

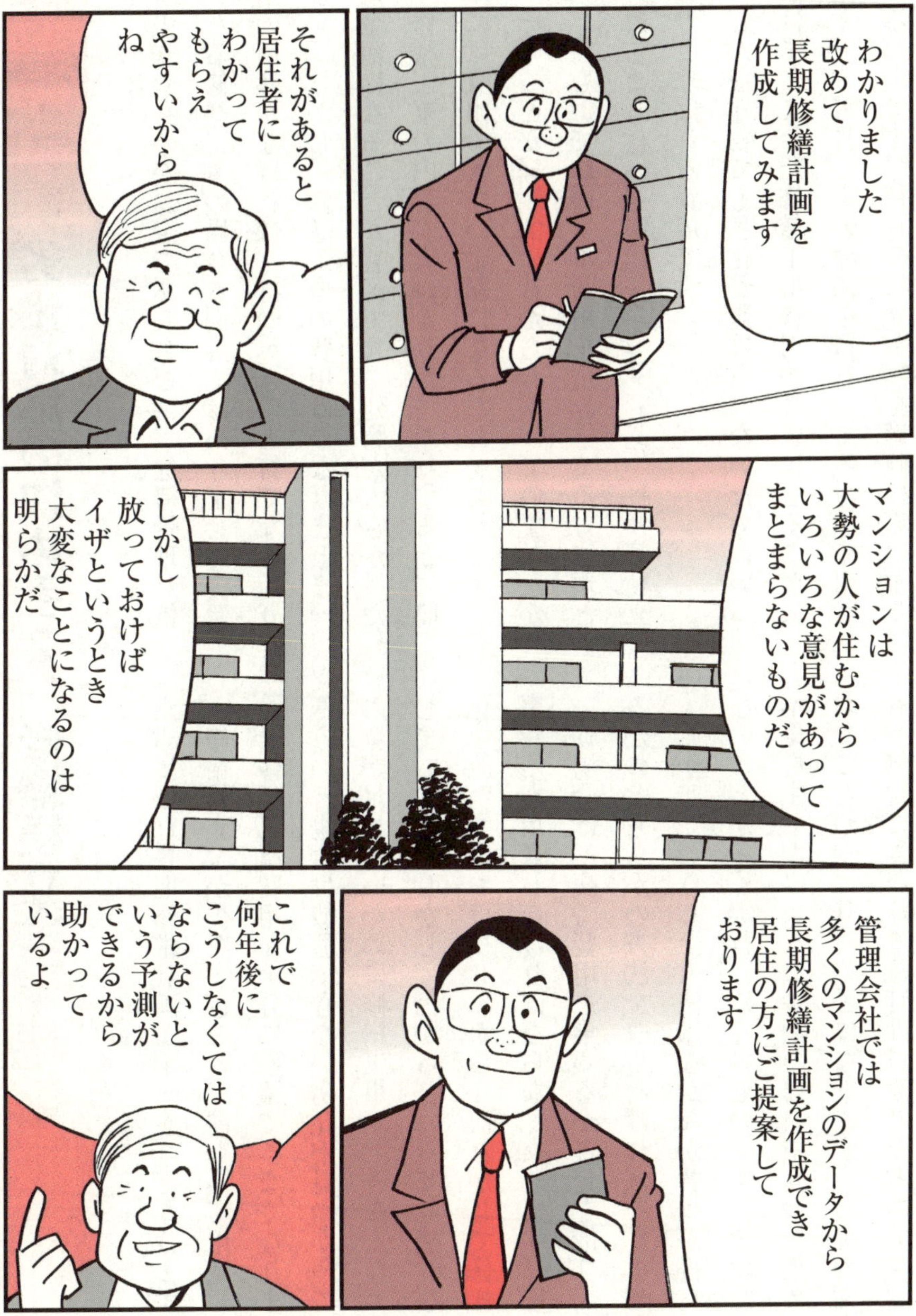
わかりました改めて長期修繕計画を作成してみます
それがあると居住者にわかってもらえやすいからね
マンションは大勢の人が住むからいろいろな意見があってまとまらないものだ
しかし放っておけばイザというとき大変なことになるのは明らかだ
管理会社では多くのマンションのデータから長期修繕計画を作成でき居住の方にご提案しております
これで何年後にこうしなくてはならないという予測ができるから助かっているよ

7

劣化対応の決め手2：修繕積立金

先立つものがお金であることは、危機管理対策となる修繕工事の場合も例外ではありません。費用の用意がなければ、打つべき手も打てなくなります。しかし、修繕工事の費用はかなりまとまった金額になることが普通です。建物が大きかったり修繕工事の内容が大がかりだったりすると、簡単には支出できない金額になることがあります。

そのことが経験的に昔からわかっていましたから、前もって修繕工事費用を積み立てる方法がとられるようになっています。これが、「修繕積立金」と呼ばれる費用です。

どんな建物でも劣化が避けられないためにいつかはまとまった修繕工事費用が必要になることに備えて、毎月一定の金額を積み立てる方法で用意するお金です。毎月の積立金額を適確に算出するためには、長期修繕計画が手がかりとなります。

修繕積立金が少なすぎると、前もって用意しておく修繕工事費用が十分に蓄積できなくなります。そういう場合は放置できない劣化が見つかっても、お金が足りないために修繕工事ができなくなってしまいます。しかし、だからといって危機的な劣化を放ってはおけませんから、何とかして修繕工事費用を用意しなければならなくなります。そういう場合は、臨時費用を集めるか資金を借り入れるかのどちらかの方法を取らなければなりません。

しかし、こうした方法はなかなか賛成が得られないことが多く実行しにくいものです。そのため、不足を生じないような金額の修繕積立金を集めておくことがやはり決め手になります。お金の備えも、無視できない危機管理対策となるのです。

修繕工事費用はどのようにされているのですか？
これも管理会社から修繕積立金のシミュレーションを提案してもらっている
何年後に大規模工事が控えているとわかればそれに合った毎月の積立金の額は計算できるからね
毎年少しずつ値上げするなどしていけば後々楽になる
なるべく借入や臨時費用の集金はしたくありませんから
ほんとだよ年金生活者にとっては痛手だからな
しっかりした資金計画も危機管理ですね

8

劣化対応の決め手3：管理会社による財務会計

危機管理に備えた修繕積立金は一種の貯蓄ですから、積立期間に対応してかなりの蓄積額になります。多ければ、何億円単位の金額になることも珍しくありません。

そうした多額のお金が一定の方法によって取り扱われる必要があるのはもちろんです。しかし、そのお金を積み立てる住戸の持ち主のほうはそうした実務に不慣れな場合が少なくありません。戸数の多いマンションで毎月一定の金額のお金を間違いのない方法で集めること自体が実はそれほど簡単ではないことを考えただけでも、この難しさがわかります。

そこで、不慣れな人に代わってこうした実務を引き受けてもらう役割が求められることになります。この求めに対応するのが、管理会社です。ですから、まさかのときに備えた分譲マンションの劣化対策をお金の用意という側面から支えているのは事実上管理会社だといってもいいでしょう。

お金の取り扱いは、それなりの知識や方法が必要となる専門性の強いプロの仕事です。何よりも信用の裏付けが急所になります。関係者が金融機関や自社の関係部門を含めた管理会社の様々な組織に及ぶ幅の広がりを持っている点で信頼度の確保は基本的な最大のポイントになります。

そう考えると、管理会社の財務会計面の仕事のあり方には危機管理対策となる備えを危機の起こらない平和な状態のうちに充実させる意味があるとみることもできます。まさかのときの危機管理対策があてになるかどうかは、プロとしての管理会社の信頼性による部分が小さくありません。

そうなんだよ われわれは 計画とか お金に関しては 素人だから お宅ら 管理会社が 頼りなんだ
それが 私たちの 仕事です から
長期修繕計画や 積立金の財務管理など 管理会社に任せるのが 一番だからね
私たちも お金と 財産を 扱うわけ ですから 何より 信頼される 仕事を 心がけて います
イザというときに 頼りになるのは 管理会社だからね

9

危機の因果関係には過去の歴史の影も

放っておけない危機も原因があるからこそ起ることを考えると、危機管理には因果関係の把握が大事な意味を持つことがはっきりします。何が原因で危機が起こったのかを確かめないままでは、有効な危機管理対策が見つかりません。

ところが、得てしてマンションには過去の歴史がなかなか確かめにくくて危機の背後にある因果関係を確かめにくい実情があります。第一に、建物が大きくて複雑な上に目に見えないため外から確かめられない構造体（「躯体」といういい方をします）の内部の状況が特殊な検査をしないとわからない点があります。第二に、放置できない劣化に対応して行われる修繕工事は、年数がたつと過去の工事記録が散逸してしまって確かめられない場合が多い点があります。第三は、住む人や持ち主が入れ替わる点です。竣工後十年もたてば大抵のマンションでは顔ぶれが一変します。第四に、マンションの住み方で、いつから、なぜ変わったのかがわからなくなるケースが増える点があります。一見して小さなことが累積して無視できない変化をもたらすことが少なくありません。第五に、長年の間に住む人同士の人間関係が一変しがちな点があります。特に古くなった物件で、居住者の老若の年齢構成が複雑化する傾向があります。

こうしたわからないことや確かめようがないことが重なって、突然、何かのきっかけで表面化することが少なくありません。危機管理の対応には過去の歴史が因果関係に影を落としていることを考える必要があります。いま見えていることだけでは、手が打てない危機もあるのです。

ところでウチのマンションのデータ管理はちゃんとしてあるんだろうね
もちろんです履歴は確実に保管してあります
いやー知り合いのマンションで管理会社を変更したら過去のデータがなくなって困っている話を聞いたもんでね
管理会社の変更はときにデータの移行ミスや紛失が起こり得ます
古いマンションだと住人も変わるし昔のことを知っている人もいなくなったりでわれわれが知らないことが増えてくるんだ
われわれはできる限り細かなデータを残しておくよう努力しています

10 危機の記録を忘れるな

たびたび起こるわけではないものの、もし起こると被害が大きくなるのが危機の特徴です。そうした危機が起こった当座は事態への対応に追われますが、しばらくして不安がおさまった後はそうしたことも記憶から遠ざかってしまいがちです。

しかし、同じ事態がまた起こらないという保証はありません。危機と呼ばれる事態の大部分には、ある程度の再現性があるからです。地震や火災はその典型的なものだといっていいでしょう。

そうしたことを考えると、何か思わざる危機が起こったときに事態の発生から収拾までのいきさつを記録しておくことがたいへん大事な意味を持ちます。いつ、どこで、どんなことが起こったか、どういう経過をたどったか、どんな被害があったか、どういう手を打ったか、どういう対策に効果があったかなど、記録しておけば後から似たケースが起こったときの貴重な判断資料になるからです。危機が起こると誰しもどうしたらいいかわからないという判断不能状態に陥りますから、こうした記録があると後日判断資料として役に立つ可能性は計り知れないほど大きいはずです。

危機の記録は、その意味で重要な意味を持ちますが、できるだけ事実をきちんと記録できることを考えて写真やビデオなどを活用すると効果が大きくなります。阪神・淡路大震災の記録などを見てもその点が明らかです。高層マンションの火災などの場合でも、後になってみるとその実情を伝えた新聞記事でさえかなり効果があるものです。まして、マンションの実情を反映した具体的な記録が役に立つのはいうまでもありません。

特に修繕事項やトラブルなどはデータとして保管しています
それは心強い
われわれ管理組合の責任者は毎年替わることが多いから　細かなことは忘れてしまうからね
なるべく記録はとっておくよう責任者に伝えるがなかなか実践できないよ
マンションの危機に関わる事項は　われわれに伝えていただければ　データとして記録します
危機の記録は後々で重要な意味を持ってきますからぜひ残しておく必要があります

11 よそのケースの活かし方のコツは

危機には、多くのマンションで起こる共通したタイプのものがあります。地震や火災などが、その典型です。そうした意味で危機管理対策を考える場合には、類似の例を探すことができます。自分のマンションで同じようなことが起こったら何が大事なポイントになるかを考えるときの手がかりがそうした例で得られるからです。

しかし、望みどおりよく似た例が見つかったとしても、それを自分のマンションの危機管理を考えるときに活かす考え方には多少のコツが要ります。まず、第一に、危機のタイプとして、地震とか火災あるいは盗難などのイメージをはっきり決めることが必要です。地震や火災など災害の例が盗難などのケースで役に立たないとはいえませんが、対応する事態が違うとその事例から得られるものがそれほど多くならないからです。

もっと大事なことは、危機の類型をはっきり決めて見つけたケースでその危機が起こったマンションに自分のマンションとどれだけ共通性があるかという点の確認です。例えば、五階建てのマンションの人がマンション火災の例を探していて見つけたのが二十五階建ての高層マンションのケースだとすると、あまり役に立たないでしょう。

類似の例を探すときには、できるだけ自分のマンションと条件が似ているケースを探すようにしてください。条件としては、棟数、戸数、地上階数、建築後年数、立地条件、住居専用かどうかなどかなり多くの項目があります。似た条件が一つでも揃えば、その分だけ自分のマンションにとって役に立つことがたくさん見つかるはずです。

実は危機のデータは他のマンションでも活かすことができます
どういうことだね？
棟数や戸数　階数　建築年数　立地条件など　類似のマンションは多くあります
あるマンションのトラブルや危機は同様のマンションでも起こりうるものです
多くのデータを得ることでお互いの危機に対応できる提案ができるのです

12 管理会社には危機の全体像がよく見える

「危機」の起こり方は、マンションと一戸建て住宅とでまったく違います。マンションでは危機が起こっても、住んでいる人自身に必ずしもよくわからないものです。マンションは規模の大きい建物なので、何か心配な事態が起こったとき建物の一角に住んでいる人には建物のどこかで何かいつもと違うことが起こったらしいという見当はついても、自分のマンションのどこで、どんなことが起こったのかがわかりません。マンションは集合住宅ですから、普通の日常生活感覚では確かめられない部分が多いからです。

では、マンションで危機的な事態が起こったときにその全貌を知ることができるのは誰なのでしょうか。それは、管理会社です。なぜなら、管理会社はそのマンションの全部の様子を見届けることを前提にして仕事をする立場だからです。住んでいる人には知ることができないことも、管理会社ならいち早く知ることができる、というよりは、知るべき立場です。むしろ、知らなかったら管理会社の仕事が成り立たないでしょう。

住んでいる人がまったく知らなくても、管理会社は仕事を引き受けているマンションの中で起こる事態をすべて把握していなければなりません。管理会社には、住んでいる人よりもはるかに鋭敏な危機に対する感度が求められます。異常な事態があれば、何が、いつ、どこで起こったかを早く確認して必要な対応をすることが必要です。いつもと違う事態の発生を誰が把握してどこへ知らせ、どうするかという一連の対応こそが管理会社の存在感を大きく左右するのです。

マンションの全体像は住んでいる人より管理会社のほうがよく知っていてくれるわけだ
かといってすべてを任せておくのもどうかと思います
すべてを管理会社任せにしてしまうと居住者の責任もなくなってしまいますからね
そりゃあそうだな
管理会社はマンション全体を見届けることを前提にしております
細部はやはり居住者の責任で守ってほしいのです

コラム

修繕しないマンションでは槍のように尖ったコンクリートの断片が落ちてくることも

どのマンションでもコンクリートの中にある鉄骨や鉄筋が年数の経過につれて腐食する現象が起こります。見えない部分で鉄筋などについた錆がふくらんでコンクリートを中から外に押し出すようになり、この現象がある程度以上に進むとかけらになったコンクリートが下に落ちてくるようになります。これが、外壁剥落《はくらく》事故ですが、時として、このコンクリートのかけらは長さが何メートルにもなります。その先端も槍の穂先のように尖っており、かけらのまわりもナイフの刃を連想させるような状態になっていることがあります。

剥落事故が気になるような時期になりますと、マンションの外観が古びて見るからに汚れた感じになってきます。そのため、剥落事故が起こらなくても外観上の資産価値低下を防ぐことを目的として外壁改装工事が行われることも珍しくありません。事実、外壁改装工事によって中古物件としての評価が上がる例があります。

外壁改装工事は目安として十年前後の周期が実行のチャンスとされていますが、昨今では二回目や三回目の実施例も年ごとに多くなってきています。

第4章 管理会社にとっての危機管理対策は？

1 建物の正確な規模を確かめる

危機は起こった場所で被害の様相が一変します。危機の影響もマンションの建物規模の大小をそのまま反映してまったく違う現われ方になりますから、危機管理を考える場合、正確な建物規模の確認は最大のポイントの一つになります。

建物規模は、マンションの大きさを示す階数・戸数・棟数が基本です。人間の身体が身長・体重・胸囲などで示されるようなものです。しかし、同じ身長や体重などが人によって異なるように棟数や階数・戸数もマンションごとに様々です。

まず階数ですが、何階建てかという点は上下に住宅が重なったマンション特有の実情を確かめるための大きなポイントです。漠然とした「高層」とか「超高層」といった言い方でなく何階建てかを確かめてください。戸数は、危機の影響を直接知るための手がかりになります。戸数の場合も、単なる数ではなく○○ＬＤＫといったタイプの区別がわかるほうが好都合です。住居専用でないマンションの場合は、住居のほかに店舗や事務所を含むのかどうかをつかむ必要があります。

いくつも棟がある団地タイプの場合は棟数も大事なデータです。何階建てで何戸の棟が何棟かという内容を確かめておく必要があります。

【この項の急所】①建物の全体像は住んでいる人には確かめにくく管理会社でないとわからないことが多い。②建物の一部分で起こった危機の場合も該当箇所は建物全体のどこかという点の確認が要るから、建物全体の確認データが欠かせない。③必要なときに確かめられるように建物規模確認用資料の保管場所を確認しておくこと。

このマンションは大規模ですね
マンションの危機は規模により違ってくるものだ
大規模マンションでは住む人も全体像がわかりにくくそれを把握しているのはわれわれ管理会社しかない
棟数や戸数階数や間取りなどをとらえておく必要がある
ほらこのマンションはこうなっている
必要なとき確認できるようデータとして管理しておくと便利だ

2 危機管理関連設備を確かめる

マンションの設備の中にまさかの事態に備えたものがどれだけあるかは、マンションの危機管理を確実にする大きなポイントになります。

そうした設備の典型例となる火災対応用の設備は消防法で定められていますから、実際には火災以外の危機を想定した設備が、どこに、どれだけあるかが要点でしょう。火災以外では地震の問題が気になりますが、地震に対する備えは建物全体で対応すべき課題であって設備では無理だと思われます。したがって、危機を地震だけに限定しないで、何か不安な事態が起こったときに早く脱出できる設備と考えたほうがいいでしょう。その意味では階段が急所です。設備ではありませんが、階段はマンションごとに特有の違いがあるからです。奇数と偶数で階段のつくり方が違うとか屋内階段と屋外階段が区別されているなどマンションごとの階段のつくり方を確認しておく必要があります。

最近注目されている危機管理対応設備としての防犯カメラは、どこに、いくつ取り付けるかが検討上の要点です。カメラがとらえきれない死角があることや設置の際に居住者の納得を得ておくことが注意点です。また最近では玄関ドアや窓ガラスなど「開口部」と呼ばれる箇所で危機対応機能を備えた製品が生まれています。「危機管理関連設備」にはマンションごとの差が少なくありません。

【この項の急所】 ①危機管理関連設備の設置には共用部分の実情確認が前提となる。構内の様子を熟知している管理会社の判断が効果を持つ。②設備活用の急所となる点検や管理が管理会社の仕事になることが多い。③設備維持費用も予算化を忘れぬこと。

こんにちは
ごくろうさまです宮田さん
受付
防犯カメラの件ですがやはりここと ここに付けるということになりました
さっそく手配します
構内を熟知している管理員さんのおかげでわれわれも全体を知ることができて 安心です
いやいやこれだけの規模のマンションになるとなかなかすべてを知ることはできません
一・二階の窓部も強化したいという話もありますから近々総会で決まる予定です
設備維持費も再度提案していく必要がありますね

3 集会用設備を確かめる

住む人の立場から見ると、危機への対応では賃貸マンションと分譲マンションでいくつかの違いがあります。持たずに住む賃貸マンションなら引っ越してしまえばすみますが、分譲マンションでは住む状態が変わらない限り転出しただけでは何も対応できません。これからどうするかを持つ人同士で話し合うことがどうしても必要になります。

そのために欠かせない条件が、みんなが集まれる場所となる集会室や管理事務所といった空間の確保です。実際にはこういう集会用スペースがないマンションが多いことを考えておかなければなりません。古いマンションではそうした実情がありますし、戸数が少ないマンションでは最初からそういうスペースがないことも珍しくありません。管理事務所があっても住んでいる人の全員が集まれる場所がないマンションもあります。

しかし、集まれる場所がなくても、危機に対してどうするかを話し合う必要がある点は変わりません。そこで、危機管理対応用の設備として集会用スペースがどのくらい確保されているかの確認が大きな意味を持つことになります。こうした集会用スペースが確保されていない場合にはマンションの近くにまさかのときにみんなが集まれる場所として公民館などの公的施設があるかといった情報を普段から知らせる工夫が大事です。

【この項の急所】 ①集まれるスペースを考える場合には、人数の確認が欠かせない。②普段出ない人が多い管理組合総会などを前提としない人数の確認が大事。③マンションの外のスペースなどの利用では場所のわかりやすさと近さがポイント。

ここのマンションでは総会はどこで行うのです?
このクラスの規模だと集会室もあるのでそこで行います
それがない所とか小規模の場合はどうすればいいのです?
その地域の公民館や公的施設を利用することが多い
だから地元との交流は大切なのさ
われわれはマンションの人数や出席率の悪い人たちのことも把握しておかねばならない
若い人は特にこういう集合には出たがらないからね

4 マンションの死角を確かめておく

マンションは構造が複雑な建物で、その全貌には特有のわかりにくさがあります。人間の感覚でわかることと図面や資料で理解できることとの間に食い違いが生まれるからです。視線の向け方次第で異なる見通しの奥行き感とか、立つ位置によって変わる階ごとの視野や高さが、その例です。これに、自分が住んでいない箇所にはなじみにくいというマンション特有の居住感覚の狭さが重なって、誰も知らないままの箇所が「マンションの死角」に変貌します。

死角というのは視野に入らない部分を意味する言葉ですから、人の目にふれない部分の見えにくさは危機をもたらす原因になります。

しかし、管理組合の役員はこうした死角があることを知らない場合が少なくありません。危機的な事態が生まれやすい箇所のそうした認識不足が危機発生の遠因になることも十分考えられます。

しかし、建物の全体を把握している管理会社なら管理組合が気づかない死角の存在を知っていますから、危機に取り組む立場の管理組合をサポートできます。建物を熟知した管理会社が管理組合の対応しにくい死角の存在を知らせることは管理会社の存在感を発揮できるチャンスでもあり、危機発生の予防効果をもたらすものでもあります。

【この項の急所】 ①死角は感覚的な認識ギャップの問題。視線の向け方が大きなポイントになる。②見る高さと角度による見え方の違いを巡回などで普段から確かめておくこと。③子供や高齢者など居住者の構成条件次第で、今まで死角でなかった箇所が死角になることもある点を注意したい。

ところであの問題はその後どうですか?
あれ以来問題はありません
何かあったのですか?
いや一年前マンションの一角に動物の死体があったんだ
いわゆるマンションの死角でした巡回している私でさえ長年気がつかない場所でした
たまたまお子さんが入り込んでそこが発見されたのですが一歩間違えばお子さんも危険なことになっていました
その対処をスムーズにしたことで管理会社の大切さがクローズアップしたというわけだ

5 管理組合に管理会社のことをよく知らせておく

危機管理の急所は、普段からやるべきことをやっておくという点に尽きます。危機管理はしっかりした日常の管理が行われていてこそ実現するものであることが明らかです。

その日常の管理は、賃貸マンションと違って分譲マンションでは管理組合の仕事です。この仕事は賃貸マンションなら少数のオーナーから管理会社が委託されて引き受けますが、分譲マンションでは持ち主が多いため単純な形では成り立ちません。そこで、分譲マンションでは住宅の数だけの持ち主（この持ち主を法律では「区分所有者」といいます）が集まって組織をつくるという考え方が取り入れられます。この考え方による組織が管理組合です。しかし、その管理組合に管理という仕事を担える条件が揃わないことが多いため、手の及ばない部分を誰かに頼むことが必要になります。これに応じる役目を持つのが管理会社です。

そうしたわけで、まさかのときには管理組合のサポーターとなるこの管理会社の存在が大きくなります。管理会社自身のことを管理組合に向けて知らせておくことも、実は危機管理対策なのです。

【この項の急所】 ①管理会社の人は、危機にぶつかった管理組合が頼りにできるのは管理会社だけであることをいつも考えておくこと。②それだけに、危機にあった管理組合が管理会社のことをどれだけ知っているかが大事な意味を持つ。③管理会社が自分のことを普段からどこまで管理組合に知らせているかということでもある。④管理組合に知らせる点はその物件の管理方式、担当組織部門、担当者、責任者、非常事態の際の連絡先など様々。

このマンションは管理員さんが居るからふだんの管理も十分対応できているが不在のところも多いですね
そういうところこそ直接管理会社がサポートしなくてはならない
マンションでは管理組合というのを組織するがなかなか十分に機能していないところが多い
みなさんそれぞれ仕事がありますからね
そこでわれわれ管理会社がサポートすると共にわれわれを知っておいてもらうのもイザというとき大切になる
われわれの仕事や名前 顔 責任者や連絡先など知っておいてもらうことが重要だ

6 任されたお金の信頼性を支える

まさかのときに必要なお金がなかったら、管理組合は危機管理の主役としての務めを果たせなくなります。管理組合のお金を取り扱う財務会計は危機管理の点でも、非常に大事な仕事です。

しかし、財務会計は管理組合にとって不慣れで厄介な性質を持つ仕事でもあるため、実際には管理会社が引き受けることになります。管理組合から委託される仕事の中でも一番大事なものなので、細かい条件が法律などで決まっています。

危機が起こった場合、管理組合がすぐに手を打とうとするとまず費用が要ります。例えば、建物の修復が緊急の課題となります。そうした問題に取り組もうとすれば、まずお金がなければなりません。必要に応じて使えるお金が、今、どこの金融機関の、どの口座に、いくらあるかということがすぐ確かめられなければ困ります。そうしたことをすぐ確かめられるように、預金通帳や印鑑がどこにあるかもはっきりしていなければなりません。こうした仕事を信頼できる形できちんと進められるかどうかは、管理会社の腕の見せ所です。お金をめぐる実務処理の正確性の確保は、管理会社の信頼度を左右する最大のポイントになります。

【この項の急所】①管理組合のお金は管理費と修繕積立金だが、このうち修繕積立金は貯蓄性の資金だから金額が大きくなる点に注意が要る。②管理組合の理事長はほとんどの場合毎年替わるので、預金口座の名義に注意すること。③財務会計には公式の標準システムがないため、管理会社ごとに独自の方式が採用されていることが多い。会計処理に独自のルールが存在する場合もある。

管理会社にとって最も重要な事項はお金の管理だ
修繕積立金など大金ですからね
マンションの管理組合は財務会計まで手がまわらないし ましてや専門家でもないからね
それに理事長は毎年替わることが多いので口座名も注意しておかねばならない
財務会計は管理会社独自に行うからそれを常に管理組合に公開しなくてはいけない
これは管理会社の信頼の第一歩だ

7 所有者と居住者を正確に把握する

分譲マンションに住む人は住戸を持っている人だけではありません。持たずに借りている人が住む場合もあるからです。法律の言葉でいうと持って住む人は「区分所有者」で、この人たちが集まった組織が「管理組合」です。分譲マンションには、管理組合のメンバーとそうでない人とがいっしょに住んでいるということもできます。

しかし、危機が起こった時に管理組合が自分の組織のメンバーではない人を放置しておくということはできません。危機管理の上では区分所有者であるかないかに関係ない対応を迫られることが多いからです。しかし、後の対策の進め方はルールどおり区分所有者が決める問題になります。

管理組合にとってこうした居住実態の把握はかなり大事なことなのですが、実は、かなり苦手な課題でもあります。住んでいる人同士がお互いに知り合える状態になっているとは限らないからです。こうした点では、むしろ事務処理上の必要もあって、管理組合よりも管理会社のほうが区分所有者や居住者の正確な顔ぶれをきちんと把握しているものです。危機が起こったときに、管理組合の求めに応じて居住者の実態を知らせることができると管理会社の存在感はかなり大きくなります。

【この項の急所】①管理会社が管理組合よりも居住者の実態を把握できるのは、委託されている事務管理業務の実行で費用の取り扱いに直接関係するからだ。②居住者の実態把握は名簿の問題でもあるので、個人情報保護やプライバシーの考え方について早めに管理組合と相談しておくほうがいい。③居住実態の変動のこまめなフォローが最大の急所の一つ。

そうだ宮田さん
これが
新しい名簿です
入れ替りが
ありますね
このマンションも
区分所有者と
そうでない
賃借人も
いますからね
でも
居住者に
変わりは
ありません
このデータは
管理組合より
管理会社が
しっかり
つかんで
おかないとね
居住実態の変動は
管理業務と
危機管理にとって
最も重要な
ことですね

8

緊急時の連絡先を確かめておく

マンションの管理組合は、ほとんど自力で危機に対応できません。ですから、管理組合はいつでも関係機関にできるだけ早く事態を知らせて支援を求める必要があります。どれだけ早く知らせられるかが危機への対応を左右するからです。

ところが、火災なら消防署、盗難などなら警察署、電気は電力会社、ガスはガス会社、そして水道は水道局といった緊急連絡については、ほとんどの人が知っているものの、具体的な組織の名前とか電話番号になるとわからないことが多い傾向があります。特に、よそから転入してきた人の場合マンション所在地の事情にうといことが珍しくありません。そうしたときに、必要に応じて関係の緊急連絡先を確かめられれば、非常に安心です。

管理会社はいつも具体的な緊急連絡先を知らせられるように普段から正確な情報の確保を心がけておくことが必要です。平和な普通の状態と違って、誰を頼ればいいかわからないときの緊急連絡先の情報提供機能を果たす管理会社は、想像以上に存在感が大きくなります。その意味で、まず管理会社自体が非常の際の緊急連絡先窓口担当者などを明確にしておく必要が大きいでしょう。

【この項の急所】 ①緊急連絡先は110番などではなく、特定の担当組織である場合が多い。夜間や休日を含めた電話番号を確かめておくこと。②市・区役所で災害時の連絡窓口を設けている例もある。③水道・ガス・電力などは緊急連絡専用窓口がある場合とそうでない場合がある。④医療機関も忘れずに。地域によっては医師会や歯科医師会が夜間などの緊急窓口を用意していることも。

これは緊急の連絡先です
こうして一覧表になっているとわかりやすいです
さっそく皆さんに配りましょう
先日も転入してきたばかりの人が緊急連絡先がわからず大変なことがありました
これなら皆さんに喜ばれるでしょう
警察や消防署はわかってますが病院とか自治体の連絡先などもお知らせしておくほうが安心感を与えます

9 マンション固有の生活情報を集める

危機が起こったとき、管理組合は必要な情報を手に入れる手段を持っていないことが多いものです。そういうときに管理会社が有効な情報を手に入れて伝えれば非常に大きな効果をもたらします。

ただし、この場合あくまでも求められる情報はそのマンションの役に立つ固有の情報です。総論的な一般情報なら今はテレビやインターネットなどでニュースが得られますから、管理会社をあてにしなくても地震のようなある程度の広がりのある天災などではおよそのことがわかります。

求められているのはそうしたどこでも当てはまる情報ではなくて、そのマンションで生活していくために必要な情報です。品揃えの多いスーパーとか電話の復旧工事に早く対応してくれるその地域の担当部門などの情報です。いわば地域を限定した生活情報ですから、どんなときに、どういう情報が必要になるか、その情報源はどこか、どんな方法で手に入るかといったことを確かめておくといいでしょう。

求められる情報の内容は、マンションに固有の条件によって少しずつ違います。特に共働きの人や育ち盛りの子供の多い家族など居住者の状況によってかなり違うことを考えておいてください。

【この項の急所】 ①生活情報の内容は、マンション周辺の店舗施設など都心と住宅地でかなり地域差がある。②公衆電話のある場所も確かめておくほうがいい。③医療機関の情報は家族型居住者の多い住宅地のマンションなら小児科窓口なども確かめておく必要が大きい。④店舗情報は扱っている商品別も確かめておくこと。文具店や家電店、薬局など。

それと生活情報のお知らせも皆さん喜んでます
今はネットで調べる人も多いから不要とは思いましたがこの地域のことを載せました
住んでいる人のほうが詳しいでしょうがここは転入者も多いのでつくってみました
まあ地元の人と接すれば情報はいやでも入ってきますけどね
病院とか保育園公共の連絡先は大いに助かります
そしてこの地域のお店マップも喜ばれてますよ

10 マンション固有の記録を確かめておく

危機が起こると、そのマンションの竣工以来の経過を確かめなければならなくなる場合があります。しかし、管理組合では自分たちのマンションの過去の事情がわからないことが普通です。管理組合運営の中心となる理事は毎年一年交替が普通ですが、自分の住戸を中心とした狭い住生活経験しか持っていないことが多いため、過去のマンションの事情を知らないことが普通です。これに加えて、過去の記録文書がなくなってしまって確かめようがないという事情が重なります。竣工後の年数が長くなったマンションでは居住者の入れ替わりによって、こうした傾向が特に目立ちます。

しかし、管理組合が知らなくても、マンションの竣工以来の経過は管理会社のほうはよく知っているものです。竣工したときからそのマンションの実情を見続けてきている管理会社は、物件の過去の経過を物語る情報をたくさん持っています。

危機管理対策を考える場合、いま見えている建物全体の姿がどういう経過をたどって現在に至ったかを確かめないと具体的な対策がまとめられないことがあります。そういうことは、危機的な事態の真っ只中ではなくて、むしろ緊急事態が一段落して善後策をまとめなければならないときに実感することが多いはずです。エレベーターなどの共用設備を思い浮かべれば、この点が明らかです。

【この項の急所】 ①情報価値があるのは実証性のある記録文書。担当者の個人的な記憶ではない。②管理会社が持っている記録では図面類が多い。③記録保管などの実情は管理会社によって違う。④物件固有の記録保管方法に標準的な方式はない。

私も
ここの管理員をして
3年目ですが
時々　昔のことを聞かれ
困ることがあります
そういうときは
すぐにでも
連絡をください
それが素早い
サービスに
なります
から
私どもは当然ながら
このマンションの履歴を
持っています
そのパソコンからでも
データを照会できますし
検索も可能です
他の管理会社の
データ保管はわかりませんが
私どもは　しっかりした体制を
つくっています
過去のデータは
危機の際
大いに
役立つもの
です

11 わかりやすい説明法を身につける

危機的な事態が起こったときにまず必要なことは、誰かに、何かを伝えることです。伝えることが成り立つためには、聞いた人がわかる必要があります。

そこで、わかりやすい表現法がポイントになります。聞いた人が理解できてこそ、伝えることが実現するからです。これは、伝える相手の人をどう判断するかによって使う言葉が決まるということでもあります。その意味では、どういうことを、どんな場合に、どういう人たちに向かって、どんな言葉で、どう表現すればいいかという具体的な判断がポイントになります。練達した管理会社は、このことを経験的に知っているものです。

しかし、役員が不慣れなことの多い管理組合ではそうした実感を経験する機会が少なかったり、せっかく経験しても任期が一年でその経験を生かす機会がないことが普通です。そこで、経験が蓄積されにくい管理組合を管理会社がサポートする必要が生まれることになります。その点で、表現法の習熟も管理会社の大事なサポート機能の一つだといえます。普段から表現法のトレーニングをすることは決して無駄ではありません。

【この項の急所】 ①法律の言葉には注意が要る。有・するではなくて持つなど、和文邦訳の積りで日常会話の言葉を使うこと。②主語と述語をはっきりさせた短いいい方が、わかりやすい。書くときは特に要注意。③場所や時間の表現をはっきりさせること。④だいたい、ごろなどあいまいないい方をしないこと。⑤差し支えない限り、代名詞を避けて固有名詞を使うほうがいい。

そのデータもさることながら宮田さんの説明はわかりやすいから総会もスムーズに運びますね
そんなことはありません
でもわかることばでしゃべっているつもりです
それが大切です
妙に法律用語や専門用語を使う人もいるからね
書類もなるべく話し言葉を使うようにしています
特にあいまいな表現はさけなくてはいけないし
場所や日時は正確に伝えることも大切だ
わかりました

コラム

管理会社を頼りにしない自主管理の管理組合はどのくらいあるのか

分譲マンションの管理を進める場合に、管理組合が管理会社に仕事を頼む方式を「管理委託」といいます。管理会社に頼まない方式は「自主管理」と呼びます。もともと「管理」は自分が持つマンションで住みよい状態が確保され続けるために必要な仕事をさしますから、管理組合が自分ですべての管理をしていける方式が理想です。ですから、管理会社を頼りにしない自主管理は、管理組合を運営する理想的な管理の方法だといえます。

しかし、理想的であっても管理組合にはいろいろな問題があって、自主管理を実行している管理組合はほんの僅かしかありません。国土交通省の「マンション総合調査」をみても、自主管理の管理組合は八パーセントに及ばないほどの低さです。大半の管理組合は管理会社を当てにしなければならないところが普通だということになります。

管理組合が管理会社を頼りにする事情は様々ですが、どのマンションにも共通するのは、マンションの管理という課題が住んでいる人の日常的な生活経験だけではもう手に負えないほど複雑化している点です。この点がそのまま管理会社の存在理由につながります。

第5章　管理組合を理解する要点は？

1 目標は「長続きする住みよさ」の確保

分譲マンション危機管理の最大のポイントは、長続きする住みよさの確保です。長続きする安心感という継続性の裏付けが必要になるからです。マンションは堅固な建物ですから壊されない限り建ち続けます。何十年でも変わらずに続く住みよさの確保は継続した安心感の確保で裏付けられるものでもあります。この継続した安心感を実現するものが、危機管理なのです。

しかし、この継続性の確保は管理組合にとってかなり難しい課題です。役員が毎年替わるとか記録文書が保管されにくいなどの理由で継続的な組織運営に難しさがある管理組合には、苦手な課題です。管理会社の支えを必要とする実情が管理組合にあるわけで、危機管理は管理組合と管理会社の協力関係で裏付けられる課題だともいえます。

危機管理は、どんなときに、誰が、どう取り組むかという具体的な意味を持つ言葉です。この言葉を聞けば誰でも、どこで、どんなときに、どんな人が何をしているかという光景が思い浮かぶ具体的な場面が描けるはずです。危機管理は総論がなくて各論しかない個別性のイメージが強い言葉だと考えることもできます。

【この項の急所】 ①具体的な意味での危機管理はマンションごとに、マンションの数だけ存在する。②危機管理には、住む人と建物の様子の変わり方を反映して変わる側面もある。だから、同じマンションの危機管理でもその内容は去年と今年、来年で少しずつ異なる。③危機管理の対象となる「危機」の実際はマンションの立地条件次第で決まる。危機はローカルな課題でもある。

きょうはこのマンションの理事会の日だ
管理会社のおかげでこのマンションも住みごこちがいいよ
ここは管理組合さんがしっかりしていらっしゃるので助かっています
中には機能していないところもありますから
危機管理には私どもだけでは十分に対応できない部分がありますから管理組合との協力が不可避です

2 管理組合の危機対応能力は十分か

分譲マンションで危機的な事態が起きたときの当事者は、管理組合です。しかし、その管理組合が危機管理にどの程度の対応能力を持っているかについては、いくつかの検討点があります。

まず、管理組合の実情を左右する区分所有者の理解や関心が必ずしも十分ではないという実情があります。その点は、管理組合の頭脳に当たる理事などの役員を引き受ける人が少ないという実態に現われます。また、役員の任期が一年で毎年替わるため過去の事情が伝わりにくいことや、管理組合の課題に必要な専門知識のある人が見つからないことも検討すべき問題になります。

法律などが整備されてきた点では管理組合の問題もやや対応しやすくなってきてはいますが、一方では古くなったマンションの増加が昔と違う課題をもたらし始めているという実情もあります。

こうした状況の管理組合では、危機管理の当事者としての力量が弱くなりがちです。ここに、管理組合をサポートする管理会社が必要となる理由が生まれます。この点は、危機管理の場合も変わりません。管理組合と管理会社との望ましい関係は危機管理を支える大事な条件の一つなのです。

【この項の急所】①管理組合の組織的な力には、そのマンションが竣工してから現在までの歴史がそのまま反映する。②望ましい運営をしていた管理組合が区分所有者の入れ替わりで弱体化した例もある。その逆も少なくない。③管理組合の組織力は戸数規模の影響を受けやすい。④賢明な管理組合は管理会社との付き合い方がうまい。⑤管理組合の実情は物件と年度によっていつも変化する。

私ら管理組合も毎年役員が替わってなかなか事情がわからないところが多いんだ
どこも同じです
このような大規模なマンションでは危機を一度も体験しない人もいるかも知れません
そうなんだ危機とかいってもその実情がピンとこないんだよ
やはり管理会社に頼るしかないんだ
私どもも管理組合様といい関係をつくりたいと思っています

3 管理組合のルールを理解する方法

管理組合は区分所有者の団体です。不動産の持ち主が集まった組織ですから、一定の約束事が必要になります。複雑で大きな建物の部分ごとの権利関係や区分所有者同士の相互関係など様々な点について、きちんとしたルールを決めておかなければならないからです。マンションは不動産ですから、どんな人にも同じように通用する確かな約束事がないと収拾できなくなってしまいます。分譲マンションの管理組合に法律などのルールが大事な意味を持つ理由が、ここにあります。管理組合に関連するルールは、「区分所有法」と「マンション管理適正化法」という二つの法律、「マンション標準管理規約」と「マンション標準管理委託契約書」という二つの公式文書です。

こうしたルールの理解の仕方には急所がありま す。第一はいきなり個々の条文解釈を考えるのではなく、そのルールの全体がどんな状況を想定しているのかを考えるべき点です。第二は、わかりにくい言葉を普通の言葉に置き換えながら読むべき点です。第三は、こうしたルールが答えを出せない問題も実際には多いことを知っておくべき点です。いずれも管理組合の人が気づきにくいので、管理会社としてのアドバイスが大事な点です。

【この項の急所】 ①管理組合の大部分の人は法律をあまり読みなれていない。②そうした中でときどき法律に詳しい人が法律の条文解釈を熱心に展開することがある。③管理組合は法律に関して極端な無関心・無知と極端な熱心さが並ぶ傾向がある組織だともいえる。④最終的には法律の考え方を説明して表現する能力が鍵となる。

われわれ管理組合は区分所有者の団体だから区分所有法とマンション管理適正化法というルールの元で動いているのだ
なにをいっているんです理事長？
私は少し法律を習ったことがあるんだよ
マンションにはマンション標準管理規約とマンション標準管理委託契約書という公式文書もある
酔っているのかい？
どうでもいいけどわかりやすくいってくれないかね
なんなんだいそりゃ？
宮田さん説明してくれよ

4 管理組合のルールを読むコツ

法律や標準的な公式文書には、特有のわかりにくさがあります。このわかりにくさを読みこなす時のコツをいくつかあげましょう。

第一は、それぞれのルールが全体で何を定めているかのあらましを、目次でつかんでおくことです。そのルールの全体像を頭に入れて、その中のどこに関係する部分があるかを確かめてください。

第二は、法律的なルール特有の言い回しに早く慣れる点です。……でないものを除くといった二重否定は……であるという意味を知っておくだけでも理解しやすくなります。異常に長いセンテンスが多いので主語と述語をよく確かめるとか、箇条書きのメモをとりながら読むこともいいでしょう。

第三は括弧書きが多い文では括弧を抜いて全体の意味を頭に入れた後、あらためて全文を読むほうがいいという点です。括弧書きの多さは法律的な文の特徴で、「 」の中に（ ）がある例など少しも珍しくありません。

信頼できる法律用語辞典を一冊用意しておくと安心です。あらかじめ確かめたい法律用語を三つぐらい考えておき、大型書店で実物を手にとってみて適当なものを選んでください。

【この項の急所】 ①まず自分が理解することが大前提。自分がわからないことを管理組合に説明できるはずがない。②いくつもの文が「、」で切れ目なく続いて異常な長さになる法律文は、「、」ごとに分解しながら読むといいときもある。③普通の言葉でいえばという発想や和文邦訳のセンスが大事なポイント。④ときには国語辞典がどう説明しているかを確かめてみることも無駄ではない。

だいじょうぶ
難解な法律文章は
私ら素人のほうが
普通の言葉で
伝えられるのです
もっとも
です
例えば
「〜でないものを除く」
なんてーのは
「〜である」といえば
簡単だ
長い文章は
箇条書きに
すればいい
法律用語辞典を
持ちあるいて
いるんだ
驚いたー
理事長の
つとめさ
いやあ
参考に
なりま
す

5

管理組合の最大のよりどころ区分所有法

管理組合にとって一番大事な法律です。正式な名前は「建物の区分所有等に関する法律」ですが、普通「区分所有法」と呼ばれます。「マンション法」と略称されることもありますが、マンション専門の法律ではありません。しかし、一棟の中を縦横に区切った部分ごとに独立した住戸を所有する分譲マンションの基本原則という意味では、やはり最も大事な法律だといえます。

この法律は三つの章が七十二の条文で成り立っていますが、このうち第一章が全条文の九十%近くを占めています。管理組合のよりどころとなる大事な考え方を定めてはいますが、だからといってこの法律がそのまま実情に対応できるわけではありません。マンションや管理組合の組織に関係する言葉はどこにも出てきません。また危機管理に関係した条文も特にありません。その意味では危機を想定していない平和な状態を前提とした法律ですが、基本的な原則を示している点でやはり最も大事な意味を持っています。危機管理を応用問題と考えれば、その前提となる基本原則を定めたものがこの法律だということになります。

【この項の急所】①この法律が取り上げている管理組合は法人格のある「管理組合法人」だけ。②法人格のない普通の管理組合のことは「標準管理規約」を見ると確かめられる。③管理会社のことや大規模修繕工事など管理組合の現場で使われる言葉にはこの法律に出てこないものが多い。④管理組合の現場の言葉と同じ意味でもこの法律では違う言葉がある。管理組合の「総会」はこの法律の「集会」。「組合員」と「区分所有者」なども同じ例。

「区分所有法」ってのはなんです？
難しくいえば「建物の区分所有等に関する法律」で別名「マンション法」という
要は一つの棟の建物内が区分され　独立した数戸の住居や店舗があり二人以上の区分所有者がいる建物の約束事だ
マンションはその代表的建物だ
管理組合は全員で構成し共用部分は全員の財産で管理も全員で行う
規約の改定や廃止　変更建物や共用部分の変更など多数決ルールも定められているわけだ
その通りです

6 管理組合ごとの基本ルールが管理規約

区分所有法は区分所有者が管理組合という団体をつくって、話し合いの上独自のルールを決めるようにという意味のことを定めています。このことを定めた条文にある「規約」という言葉が「管理規約」を指します。管理規約はマンションごとに必要な維持管理のための原則となるルールです。

マンションは建物ごとに規模も構造も違いますし、住む人も様々です。マンションに同じ物件は一つとして存在しないといわれるほど実情が違いますから、維持管理の進め方も実情の違いを反映してマンションごとに異なるものとなるはずです。五階建て三十戸のマンションと十階建て三百戸のマンションでは維持管理の進め方も考え方も違いますから、それに対応してルールも異なります。マンションの数だけ管理規約があるということもできるわけです。

ただ、そうはいっても、バラバラな内容で管理規約が作られると問題が生まれます。そうならないように考え方の根拠を区分所有法が定めてはいますが、法律の難しい文章が苦手な人が多いためそれほど容易ではないという問題が生まれました。それに対応するために用意されたモデル文書が、この後で説明するマンション標準管理規約です。

【この項の急所】①管理規約にはマンションに住む大勢の人の考え方や意見も分かれがちになることを防ぐ手だてとなる意味がある。②管理規約がなかったらノールールとなりマンションは無政府状態になる。③管理規約を誰も読まず理解しない状態になると、管理規約はないも同然になる。トラブルの多いマンションの事例がその証拠だ。

いや驚いたね理事長
ただ者ではないと思ってたよ
誰だい酔ってるといってたのは
じゃあ管理規約っていうのは何だい？
先にいったようなことをまとめて条文にしたのが管理規約だ
でもよ大きなマンションと小さなマンションじゃいろいろ違ってくるだろ？
そうなんだこれは区分所有法をベースに各マンションの実情に合わせて管理組合がつくるものなんだ
オレたちそんなのつくったかい？

7 それぞれの管理規約のモデルが標準管理規約

区分所有法に沿って管理組合が管理規約を作る時の難しさを考えて用意されたものが「マンション標準管理規約」です。管理組合が管理規約をつくる場合のお手本として使えることを目的として国土交通省がつくった公式のモデル文書です。一棟のマンション用の「単棟型」、二棟以上あるマンション用の「団地型」、店舗事務所つきマンション用の「複合用途型」の三種類があります。

標準管理規約は区分所有法でわからないことがかなり盛り込まれた現実性の強いルールです。区分所有法に出てこないマンションや管理組合という言葉が随所に出てきますし、管理組合の役員とか組織のことが細かく定められています。しかし、区分所有法によりどころをおいていますから、この標準管理規約に沿って管理規約をつくれば区分所有法の考え方に基づける効果が生まれます。標準管理規約についているコメントも、公式文書で判断の手がかりとなる情報源となります。

標準管理規約はモデル文書ですから、金科玉条のように考えず自分のマンションの実情に沿った独自のアレンジを加えるのが望ましい利用法です。危機管理に特に対応してはいませんが、原則を示す意味の大事さでは区分所有法と同じです。

【この項の急所】 ①標準管理規約を基本形にして実情に応じたアレンジを加えるのがコツ。②三十戸でも三百戸でも一棟だったら単棟型標準管理規約を使うことになるが、管理組合の組織に「高層部会」「低層部会」など階層別の単位組織をつくる工夫などがその例。③理事の分担制を決めて危機管理担当理事をおくなどの知恵も凝らしたい。

いえ
最初の規約は
われわれ管理会社が
標準的なケースを基に
作成しています
これが
標準管理規約です
「単棟型」と
二棟以上あるタイプの
「団地型」
店舗事務所のある
「複合用途型」の
三種類があります
これらはあくまで
モデル文書なので
後は管理組合で
そのマンションに合う
規約にしていくのです
その規約の
アドバイス
なども
管理会社が
させて
いただく
ことも
あります

8 管理組合と管理会社の関係を示す適正化法

区分所有法だけで対応しきれない点を考えた法律として二〇〇〇年（平成十二年）に生まれたものが「マンション管理適正化法」です。マンションという言葉を取り入れた最初の法律でした。

正式の名称は「マンションの管理の適正化の推進に関する法律」ですが、略して「適正化法」と呼ばれることが普通です。百十三の条文の八割程度は「マンション管理士」という国家試験資格制度と管理会社を対象とした制度に当てられています。特に危機管理を想定してはいないけれども管理組合を動かすための基本的な原則を示している点は、区分所有法や標準管理規約と同じです。

しかし、管理組合と管理会社との関係は、この法律の登場でかなり整理されるようになりました。管理会社にとってお客さんにあたる管理組合との関係のあり方が、法律制度の形で明確に示されたことになります。管理会社が管理組合から引き受ける仕事と引き受けられない仕事を区別したり、混乱しやすい財務会計など事務的な課題の取り扱い原則を確かめる時に、この法律で定められていることが判断の手がかりとして大事な意味を持ちます。危機管理についても同じことがいえます。

【この項の急所】①法律の名前にある「マンションの管理の適正化」の具体的なことは何も出てこない。②管理会社を想定した最初の法律だが、この法律に「管理会社」という言葉はないので「マンション管理業者」とある部分を読みかえること。③管理会社がやらなければならないこと、やってはいけないことが詳しく出てくる。④標準管理委託契約書の内容はこの法律に基づいている。

ただ様々なマンションができ業者とのトラブルなどが多くなりました
このため管理組合や居住者を守るための法律ができました
それが2001年に施行された「マンション管理適正化法」です
よく知っておるの
あたりまえだ管理会社の人だぜ
これは管理組合と管理業者分譲業者のそれぞれの責任を明確にしてトラブルの防止に役立てようとするものだね
そうですこれには管理会社がやれることやれないことなどが詳しくでています

9 管理組合との契約のモデルが標準管理委託契約書

管理組合のために用意された標準文書には標準管理規約のほかに「マンション標準管理委託契約書」があります。管理組合が管理会社と結ぶ管理委託契約のお手本ないしはモデルとして使われることを想定した公式文書です。しかし、管理組合と管理会社との間が委託契約で結ばれていることを必ずしも正確に知らない人が多いため、標準管理規約ほど知られていない感じがあります。

内容は二十四条の比較的簡単な契約書本文に二つの別紙と四つの別表、主な条文や別紙と別表のコメントで構成されています。別表の割合が大きいのは管理会社の仕事の実務性を反映したものです。なお、標準管理規約が「単棟型」「団地型」「複合用途型」といったマンションの構造や形態の区別に対応した三種類になっているのと違って、標準管理委託契約書のほうは一種類しかない点に注意が要ります。単棟型も団地型もこの一種類で対応することになりますから、管理会社の実情判断力と管理組合への説明能力が大きく関係する可能性があります。そのことは、特にこの文書が想定していない想像を超えた危機的事態の取り組み方については、特に応用問題となります。

【この項の急所】 ①標準管理規約と違って一種類しかないので、該当するマンションの建物の内容を設備まで含めてあらかじめ正確に確かめておく必要がかなり大きい。②この文書の仕組みを理解する場合には考え方の基礎が適正化法におかれていることを考えておく必要がある。③三つある金銭出納事務の処理方式のどれに当たるかを確かめておかないと該当箇所がわからなくなる。

管理会社と管理組合の契約はマンション標準管理委託契約書にしたがっています
この契約書はもともと1982年につくられたのですがマンション管理適正化法が施行されたことで改正されました
要は管理組合と管理会社の間の細かい契約だね
これはどのマンションにもあてはまるものです
修繕積立金等の分別管理とか委託費用の明示それに災害時の免責など今まであやふやだった事項をわかりやすく記載したものです

10 管理組合理解の応用問題1：居住者団体として

管理組合は区分所有者の団体ですが、現実の分譲マンションには区分所有者でない人も住んでいます。賃貸化した住戸に住む人、親が名義上の区分所有者である住戸に住む息子夫婦、会社が区分所有して社宅となった住戸に住む社員など様々なケースがあります。いずれも住んでいる人は区分所有者ではありませんから、法律そのままの考え方では対応できなくなります。

しかし、火災など危機的な事態が起こった時に、区分所有者ではないからという理由で管理組合がこうした人たちを放置しておくわけにはいきません。この点は、管理組合という組織の性質を考える上での応用問題になります。管理組合を区分所有者団体と考えることはこの場合も大原則ですが、同じ集合住宅で居住条件を共有する人に関係することも管理組合の活動範囲に入れて考えることが必要になります。いわば、管理組合を資産所有者団体であると同時に居住者団体として考えるわけです。法律の考え方を尊重して管理組合の本質を変えないまま、マンションごとの居住者の実態に対応できるような工夫がキーポイントです。

【この項の急所】 ①マンションごとの居住実態に対応した管理規約の改正が決め手になる。②区分所有者でない人が関わっても差し支えない仕組みを管理組合の組織の形で考えること。管理組合の仕事を定めた「業務」の部分にもそうした発想が必要になる。③危機的な事態への対応を具体的に定めることには限界がある。大事なことは非常事態に当たっての物事の決め方と、後から紛糾しないようにするための記録の保存である。

理事長見直したよ
いやーさすがです
まあ管理組合の理事長はこのくらいは勉強しておかねば
ふつうはそんなに詳しいやつはいないぜ
まったくだあんたは特別だよ
ところで私らは区分所有者だがマンションには借りて住んでいる人もいるね
規約にはケースによって区分所有者とそれ以外の居住者も分けへだてなく対応できるような決め方を考える必要があるでしょうね
そうだなイザというときはお互い様だもの

11 管理組合理解の応用問題2：町内会として

管理組合には、町内会の性質を織り込むというもう一つの応用問題があります。マンションに住む人は、地域と無関係に暮らしていくことができません。ゴミの問題はその典型ですが、地震などの危機管理対策では特に地域とのつながりを考える必要が大きくなります。地域団体としての町内会の役割を管理組合が担うことには現実的な意味があります。標準管理規約にも「地域コミュニティ」という言葉が見当たります。

そこで、管理組合の仕事のあり方やそれに対応する組織の形に町内会としての役割を盛り込む工夫が必要となります。なお、管理組合が組織として町内会に加入するという考え方には、問題があります。町内会は加入するかしないかを個人レベルで自由に決められる組織であって、区分所有者全員で成り立つ管理組合そのものが組織として町内会に加入するわけにはいかないからです。

しかし、管理組合も地域との共存関係を考える必要があるのは確かですから、地域組織としての町内会的な役割を管理組合が担える仕組みを考えることが危機管理対策になるはずです。

【この項の急所】 ①町内会は自治親睦という目的に賛同した人だけが入る地域組織。区分所有者になると必ずその一員になることがはっきりしている管理組合とは性質が違う。②法律論と生活上の必要性との折り合いのつけどころは管理組合と別に町内会をつくるのではなく、管理組合に町内会としての役割を持たせる点にある。③町内会が管理組合としての役割を担うことはできないが、その逆なら可能だし危機管理対策にもなる。

そういやもうすぐ町内会の祭りがあるな
これもマンションの規約に関係あるんですか？
標準管理規約には「地域コミュニティ」というものもあるよ
マンションは地域との関係なくしては成り立たないから町内会とのつながりは重要だ
でも管理組合が組織として町内会に入らなくてはならないとすると問題がある
つまり賛同した人だけ入るってことかい？
町内会費のとりまとめなんかも面倒になりますね
管理組合の仕事の中に町内会としての役割を持たせると危機管理対策にもなるんです

12 管理組合の危機対応力1：事実の確認

マンションに危機が起こったとき管理組合自身で対応できることはそれほどありませんが、当事者としてやれることは想像以上に多いものです。

まず、対応しなければならないことは「危機」の事実確認です。管理組合は危機の現場の当事者ではあっても、危機を感知する力や仕組みが不十分なため事実を早く確認しにくい傾向があります。

理由は、いろいろあります。第一は理事などがマンション全体の様子を知らないこと、第二は多くの場合理事の任期が短いためマンションの全体を知っている人もすぐ知らない人に入れ替わってしまうこと、第三は危機が起こっても面倒なことに関わりたくないという近所づきあい特有の心理が働くこと、第四に平日の昼間は不在となる人が多いためマンションで起こることがわからないこと、そして第五は目に見えない箇所の危機には専門家でないと気づかれないことといった事情です。こうしたことは、程度に違いがあっても多かれ少なかれどのマンションにも共通しています。だからこそ、この点をサポートできる管理会社が危機管理には欠かせない存在となるわけです。

【この項の急所】①危機に直面した管理組合の事実確認能力の弱い点を裏返すと、これがそのまま管理会社で対応できる点になる。②ただし、管理会社のほうにも、危機の現場で事実を確認できた人が社内の関係者に事実を伝える場合にはいくつもの注意点がある。③最大の注意点は、危機現場の一番近くにいる人が社内の関係者に危機の実態情報をどう伝えるかという伝達の仕組み。この点にはそれぞれの管理会社ごとの事情や慣習が関係するはずだ。

そういえば貯水タンクの水漏れはどうなったんだ？
あれ？宮田さんに報告したんだよね
いえ初耳です
おいおい理事長法律だけ強くても危機に対して強くなきゃ困るぜ
誰かに頼んで伝えたと思っていたが……
すみません私は確認しておりません
なんだ肝心の伝達が不確かじゃしょうがないな
すまん
管理会社はすぐに対処できる体制をとっておりますのでメールやＦＡＸなど記録に残るような方法で伝えてください

13 管理組合の危機対応力2：情報の伝達

マンションの危機では、確認した事実をどこの誰に伝えるかという情報の伝達が管理組合の課題になります。情報の伝達は短時間での対応が結果を左右するため特に重要な意味を持っています。

危機管理の情報伝達には、いくつかの急所があります。第一は、誰から誰に情報が伝えられるかという伝達経路の確認です。発信者と受信者が確かめられていなければ、情報は伝わりません。第二は、情報内容の正確性です。不確かな情報は、かえって判断を狂わせて問題を大きくします。第三は、情報の伝達速度です。急を要する非常事態では情報伝達の速さが最大のポイントになります。

しかし、管理組合ではこうした情報伝達の条件がなかなか実現しにくい実情があります。誰から誰にという第一の条件も毎年替わる役員の具体的な顔ぶれに沿った連絡経路が電話番号などを明記した名簿で裏付けられていなければ実現しません。第二の情報内容の正確性は、伝え方に個人差のブレがないようにする必要がありますが、上手下手の違いが生まれやすいという問題があります。第三の情報伝達の速度には何を使って情報を伝えるかによって大きく違うという問題点があります。携帯電話やパソコンを含めた管理組合の情報伝達環境の実情点検が、想像以上に大事です。

【この項の急所】 ①管理組合の情報伝達は全員が対象で、情報が届かない人が一部に生まれることを絶対に避けることが必要。②そのため全員が同じ条件で情報を受け取れることが絶対条件になる。③危機の際は居住者がいる場所の違いに対応できる伝達手段の確保が特に重要である。

われわれはまだ知った仲だからいいけどそうでなきゃ問題だよ
いやついつい他人任せにしたかもしれん
どんなことでも管理会社に一報ください
伝達の確認は大切だな
居住者からの情報をどこがまとめ管理会社に伝えるかなど再確認してください
管理人室
受付
管理員がいる場合はそこで受けられますが不在の場合の対応も考えておいてください
逆に私たちの情報も居住者全員に伝わるようチラシ配布や掲示板を有効に使ってください

14 管理組合の危機対応力3：物事の決め方

危機が起こったとき、管理組合はどうしたらいいかを早く決める必要に迫られます。しかし、この点については物事を決めるための話し合い方が苦手な管理組合の傾向を考えておく必要があります。管理組合には実務的な感覚がない上に近所づきあい特有のあいまいさが重なりやすいからです。

短時間で結論を出す場合の物事の決め方の要点は三つあります。第一は決めなければならないことは何と何かをはっきりさせること、第二が優先度の高さを決めること、そして第三がすぐ決めなければならないことを絞ることです。

物事を決める場合は必ず何人かが集まりますから、リーダーは話を適確に進めなければなりません。緊急の話し合いの中で焦点がぼやけた雑談や予定外の発言を抑えるためには、ときとして発言をさえぎるようなことも必要になります。

管理会社関係者の同席が必要になる場合もあります。ただし、管理組合の話し合いの場に管理会社関係者が同席することの可否や適否にはまったくルールがありませんから、これは管理組合と管理会社の間の信頼関係によって決まります。危機への対応に普段の信頼関係が反映する一例です。

【この項の急所】 ①危機の場合に限らないが管理組合の会合は、始まる前の準備段階が大事。集まる前に議題をはっきりさせておくことが欠かせない。②話し合いの時間は、普通の場合でも二時間が限度。危機の場合はもっと短いほうがいいのはいうまでもない。③管理会社の関係者が出なくても、準備段階や事後の連絡などで管理組合のための事務的なサポートを担うことが物事の決定をはかどらせる効果を生む。

今日こうした理事会を開いてよかったよ
うん
できるだけ多くこういう機会をつくっていただくのが好ましいですね
物事を決めるには理事会で決定できることと全員が集まる総会で決定することがあります
重要度によって違ってくるね
その際はできるだけ管理会社の人が同席してもらうのがいいね
事前に議題をはっきりさせてもらうと話もスムーズにいきます
たしかにわしらは世間話が多いからね

15

管理組合の危機対応力4：お金の取り扱い方

先立つものがお金であることは、マンションの危機管理でも同じです。むしろ、危機的な事態では、普段よりもお金の必要度が大きくなる可能性があります。ところが、管理組合では実務に取り組む力が少ないためお金の取り扱いが必ずしも望ましい状態で進められなくなる不安があります。これにお金の取り扱いを管理会社に委託していることや役員が一～二年で替わるという事情が重なって、実務に不慣れな役員が増えてお金の状況を把握しにくくなる場合が生まれます。

こうした事情があるために、お金をめぐる財務会計の仕事は管理会社にとって最大の重要事項となります。危機の際にはますますその重要度が増大するわけです。危機が起こって次のようなことを確かめようとする場合に管理会社に聞かないとわからないことが多いことを考えただけでも、お金の取り扱いについての管理会社の役割の大きさがわかります。①管理費会計の現在残高、②修繕積立金会計の現在残高、③預金口座の正確な名義と番号、④預金先金融機関店舗の名称と所在地・電話番号、⑤預金通帳と登録印鑑の保管者。

【この項の急所】①管理組合の会計担当理事と管理業務主任者など管理会社の関係者との間で、普段から非常の際の連絡先を知らせ合うようにしておくこと。②管理組合の実務上の対応は年度替りのときが鬼門。危機がこうしたときに起こっても対応できるためには管理会社のサポートが決め手になる。③危機的な事態では予定外の支出が必要になる。予算からの予定外支出の取り扱い方について早めに管理組合と打ち合わせておくほうがいい。

ということで議題の管理費について話し合う
なんだいマクラが長かったなー
そうでもないぜ
世間話で管理会社の人の人柄や常識もわかるし何より新しい情報もわかるってもんさ
さてお金のことはどうしても専門家の管理会社に任せることになりそうだ
来年度に向けこのような見積りになります
年度替りの時期だからいい機会だ
管理費残高と口座金融機関名等はここにしるしてあります

コラム

管理組合と混同される町内会って、どういう組織？

管理組合というのは分譲マンションだけにある組織ですが、町内会とよく混同されます。集合住宅にたくさんの人が住んでいる状態だけを考えれば確かに紛らわしい感じもしますが、管理組合が分譲マンションの住戸の持ち主団体であることを考えれば町内会との違いが明らかになります。もともと町内会は、マンションのような集合住宅よりもはるかに歴史が古く、太平洋戦争のころ大政翼賛会という国家組織の末端に位置づけられて生まれたいきさつがあります。戦後になってこの点が変わり、現在は任意に加入できる組織という性質になりました。しかし、事実上の地域団体ないしはコミュニティ組織となる役割を果たしていますので、全国ほとんどの都市に町内会があります。

町内会と似たものには自治会があります。自治と親睦という目的に賛成した人が入る団体です。任意に加入できる点は町内会と同じですが、大学の学生寮や公営の賃貸住宅にも自治会がありますから、分譲マンションにしかない管理組合とは区別できます。しかし、危機管理という点に、いくつかの共通性があることを考える必要がありそうです。

第6章 望ましい管理会社のサポートは？

1 管理規約を活用するときのサポート

分譲マンションで危機が起こると、管理組合は管理規約という基本的な約束事をきちんと理解して適切な判断を下さなければなりません。

ところが、実質的に管理組合を動かす中心となる理事会が必ずしも管理規約の内容を正確に理解していないことがあります。そのため、実際にマンションの中で起こった事態に管理規約のどの部分をどう当てはめて理解するかという解釈論争が起こりやすくなります。この点は、危機管理については特に注意が必要です。管理規約は特に危機を想定した定め方をしていませんから、管理規約の条文自体には危機にあてはまるものがありません。しかし、マンションの中の箇所ごとの権利の扱い方や物事の決め方といった危機管理対策の基本条件はほとんど一通り管理規約に出てくることをよく理解しておく必要があります。

こうした問題を考えると、管理組合をサポートする立場の管理会社には管理組合が管理規約を理解して活用する際の判断を助ける役割が大きくなります。危機管理の主役はあくまでも管理組合ですが、その主役の近くに控える老練な脇役が管理会社だといえます。

【この項の急所】 ①どの条文が何を意味するかを普段から確かめておくこと。特に末尾の別表の意味を確認しておくこと。②普通の言葉でわかりやすく説明する表現を研究しておくこと。③理事会などで物事を決めるときの手順を正確に理解しておくこと。④管理規約では手がかりが得られない問題に見当をつけておくこと。⑤解釈が分かれやすい言葉の正確な意味を前もって確かめておくこと。

来週Bマンションの理事会があるんだ
任せるよ
はい
ここは理事会があまり活発じゃないんだ
特に管理規約が正確に理解されてないから説明がいるときもあるが勉強になると思うよ
改めて説明してみます
ふつうの言葉で説明すれば理解しやすいね
解釈の仕方が問題となるのはこのあたりの条文だ
管理会社はあくまで管理組合のサポートということも忘れないことだね

2 非常時に使える正確な名簿の確保

分譲マンションの危機管理はすべてを組織レベルで進めることが必要です。そのために欠かせないものが、名簿です。特に、非常の場合は管理組合の中心となる理事など役員の名簿が大事です。もちろん、基本的な区分所有者の名簿や賃貸化した住戸などに対応した居住者名簿も必要です。

ただし、名簿には個人情報保護やプライバシーについての配慮がかなり大切です。この点に神経質になりすぎると名簿がつくりにくくなりますが、名簿がないと組織を運営できなくなりますから名簿の扱い方に悩む管理組合は少なくありません。

この点については、正確な名簿をつくって理事が責任保管して全戸に配布することを控えればいいのです。理事がきちんと保管しておけば、まさかのときに名簿が有効な資料として役に立ちます。

なお、名簿はできる限り内容を更新して実態を反映させる必要があります。管理組合自身がその内容確認に当たれれば理想的ですが、実際にはかなり難しさがあります。その点をサポートできるのが、管理会社です。管理費や修繕積立金などの費用の徴収にあたって納入者を確かめているのは、管理会社しかないからです。

【この項の急所】 ①区分所有者名簿と居住者名簿の二つをつくるほうがいい。②名簿には標準的な定型がないので、実情に応じた欄や項目の設計が望ましい。③危機管理用として連絡先の項目に重点をおく必要がある。④名簿は内容の更新が急所になるので、必要に応じて最新版をつくるほうがいい。⑤全戸配布の希望が多ければ配布してかまわないが、アンケートなどで確認するほうがいい。

このマンションは名簿が整っていませんね
最近はプライバシーや個人情報の問題もあって慎重な取り扱い方が要ることを考えておかなければいけないね
議題でとり上げてみます
管理組合から居住者に対しうまく提案できるようにすることだ
名簿が不明だと危機管理にも支障が出ます
全戸に配る必要はありますか?
それもそのマンションの管理組合のやり方を尊重してアンケートなどを行うのもいいかもしれないね

3 名簿の作成と保管

管理組合が組織として活動するためには名簿が必要です。特に、緊急事態に直面した場合には総会の開催などに正確な名簿がないと困ります。しかし、名簿には特に標準的な形が決まっていませんから、管理組合は必要に応じて内容を工夫する必要があります。具体的にいいますと、どんな項目を盛り込んだ名簿をつくるかという問題です。

危機の際の名簿には、基本的にはその人がいないときにも使える内容を重点におく必要があります。したがって、いないときの連絡手段が重要な項目になります。このことは、管理組合と管理会社の間で結ぶ標準管理委託契約書の別表第1の「事務管理業務」の中に「組合員等の名簿の整備」というのがあり、ここに「組合員異動届に基づき、組合員及び賃借人等の氏名、連絡先（緊急連絡先を含む）を記載した名簿……」とあるのを見てもわかります。名簿は、管理会社の事務的なサポートがないと管理組合の独力ではつくりにくい実情があります。作成はもちろん保管についても管理会社の支援が大事な意味を持ちます。

【この項の急所】 ①名簿の項目で工夫を要するのは連絡手段の項目。一人の人が持つ電話番号だけでも何種類もあることを考えた項目の設計が要る。②不在のときの連絡先住所も欠かせない。③管理組合の名簿は個人情報保護法には実質的に関係しない。④危機管理対策資料としては家族構成や高齢者・病弱者などを記載したものが役に立つが、そうした名簿内容の細かさに比例して保管上の注意の必要度も大きくなる。⑤名簿に関する情報は管理組合と管理会社とで共有する場合が多いことを考えたい。

名簿のことは管理委託契約書の「事務管理業務」に明示してある
「組合員等の名簿の整備」ですね
管理組合が名簿をつくるのはけっこうたいへんですからね
そこでわれわれ管理会社のサポートが重要になる
名簿は連絡先が重要な要素だ
家族構成なども知っておくとサポートしやすいね
ただこの情報の管理は重要だ
個人情報ですからね

4 集会スペースの確保

想像しなかった事態が起こったとき、管理組合ではまず理事などの役員が集まって相談しなければなりません。その結果によっては、総会を開くことも必要になります。そこで、管理組合の危機管理には人が集まれる場所の確保が欠かせません。

ところが、こうした集会スペースは普段から確かめておかないとなかなか見つかりにくいものです。集会室がないマンションも珍しくありませんし、あっても全員が出席することを前提にしてつくられてはいないので収容能力に限りがあります。まず何よりも理事会を開ける場所を確保しなければなりませんが、そのスペースが狭ければ総会を開けるだけの場所が別に必要になります。

こうした場所としては公民館や地域センターなどが考えやすいのですが、そうした施設がなければほかの所を探さなければなりません。管理組合自身がそうした地域情報を持っていればいいのですが、そうでなければ管理会社が集会スペース情報の収集に当たる必要があります。管理会社は、物件所在地の市街地図などを利用して普段から施設情報を集めて管理組合に提供することが望まれます。正確な所在地や施設の名称がポイントです。

【この項の急所】 ①マンションごとの集合人数の確認が必要だが、欠席者が多い普段の総会出席者を前提とするのは適切ではない。②集まれる場所はマンションから近いほうがいいが、その所在地を地図などで普段から管理組合に知らせておく必要がある。③小規模マンションなら、場合によってはお寺や神社などでもいい。④非常事態のときは利用できない施設もあるから、確かめておくこと。

Donnk's
RESTAURA
あら？レストランで理事会ですか？
P
このマンションには集会場のようなスペースがないから　理事会は近くの喫茶店などを使っているんだ
総会などはどうするのです？
居住者の人数に合った公民館を使っている
新しい施設があればわれわれが探して提案する
公民館
なるべく多くの人が来館できる場所が望ましいね

5 役割分担検討のアドバイス

マンションの危機管理が具体的な効果をもたらすためには、理事会の役割分担などの取り組み体制が決まっていることが望まれます。

しかし、ほとんどの場合、管理規約ではこの点が決まっていないため、急いで手を打たなければならないときにいったい誰が取り組むのかがわからなくなって対策の時期を失する心配があります。

この点を解決するためには、理事会の役割分担をはっきり決めることが必要です。理事会の付属組織として危機管理対策委員会といったものがあると最も理想的ですが、防犯委員会とか安全対策チームといった組織で危機管理対策を担当する考え方もあります。そういったものではなく広報委員会や修繕委員会など普通の仕事を担う委員会が非常事態に対応するという考え方もあるでしょう。

いずれも管理組合が実情に対応して独自の工夫を凝らす発想が必要ですし管理規約の改正や広報による協力の要請が欠かせませんが、いろいろな事例に接した経験をもつ管理会社が有効な提案や情報提供をできる可能性があります。危機管理の主役とはいえ管理組合には経験の積み重ねがありませんから、身近な管理会社からのアドバイスがヒントとなる効果は想像以上に大きいはずです。

【この項の急所】①理事の役割分担は標準管理規約にない独自の考え方だから、管理組合の知恵の見せ所になる。②特に危機管理を区別しない体制のほうが大げさにならないメリットもある。③理事は毎年替わることが多いから、管理規約で確定しないと長続きしない。④役割分担制をとる場合は理事長の存在や理事会の開き方が一段と重要になる。

本日は危機管理について提案したいと思います
そりゃどういうもんじゃ？
イザというときの連絡体制やふだんからの告知方法についてです
危機管理対策というとオーバーですが　要はどなたかが緊急連絡係になり　管理会社との連絡をするなどというものです
管理規約で決めておかれてはいかがでしょう

6 専有・共用部分の確認アドバイス

マンションの管理の原則の一つは、専有部分と共用部分の区別です。分譲マンションのスペースで、この二つのどちらにも入らないところはありません。自分のマンションのどこが専有部分でどこが共用部分になるかをはっきり知っておくことは、かなり大事な意味を持っています。したがって、この言葉の意味の具体的な理解は危機管理にもかなり重大な結果を生むことが多くなります。

ところが、実際には自分のマンションのいろいろなスペースごとの専有部分と共用部分を明確に区別できないことが珍しくありません。バルコニーが専有部分ではないとか玄関ドアは内側が専有部分で外側は共用部分だということを知らない人が多いことをみてもその点がはっきりします。

危機的なことが起こったときに被害を受けた箇所の修復などに誰が対応するのかはかなり現実的な課題になりますが、管理組合の理事会がすぐ明快な判断を下せない場合もないとはいえません。そうしたときに建物全体の実情を熟知している管理会社が正確な判断材料を管理組合に提供できることは想像以上に多いものです。

【この項の急所】 ①専有・共用部分の区別は境目に注意が要る。配管や配線など一体でつながったものは特に要注意。②管理組合の理事でも建物の全体を知らないとあいまいになりやすい。特に共用部分がわかりにくくなる。③危機の修復費用を管理組合が支出できるのは共用部分だけ。④専有・共用部分の区別は標準管理規約を見るとかなりわかることが多い。⑤バルコニーなどは条件付きで利用できる共用部分で、専用使用部分という。

何か他に気づかれたことはありませんか？
そういえば簡単に取り外せない藤棚をつくっている人がいて安全上どうかという意見があります
バルコニーは専用使用部分ですから簡単に外せないのは問題ですね
非常の場合逃げ道になるため動かせないような物を置いてはいけないことになっています
バルコニーのような専用使用部分は条件付きで部屋に住む人が利用できますが　本質は区分所有者全員が持つ共用部分ですから
修復の際も理事会や総会での判断が必要になります

7 非常用設備の確認

マンションには様々な非常用設備があります。火災などに備えた設備が一般的なものですが、最近はもっと幅広く危機に対応するものがセキュリティ設備という名称で目立つようになっています。実際には建物構造によって千差万別ですが、かなり多種多様なものがとりつけられています。

非常用のものを含めて、設備は必要なときにその機能が間違いなく発揮できなければ困ります。そのためには設備の点検が欠かせません。

ところが、設備にはその取り扱い方に専門性が強いため普通の人には簡単に扱えないものがたくさんあります。また、火事がなければ消火設備があることに気づかないように、日常の生活感覚では確かめる機会がないために知らないままの設備も少なくありません。そこで、こうした設備の管理や点検が管理会社の重要な仕事になるわけです。標準管理委託契約書が設備の点検に別表の一つをあてているのをみても、そのことがわかります。

とかく管理組合がよく知らないままになりがちな傾向があるだけに、管理会社が設備のことを折りにふれて管理組合に知らせる必要があります。

【この項の急所】 ①設備はマンションごとに違う。どこに、どんなものがあるかを理事会に知らせる必要が大きい。②理事会は毎年替わることを考えた知らせ方が大事になる。③避難器具や誘導標識などについても理事会に知らせておくほうがいい。④玄関ドアのロックなど専有部分に含まれるものについても管理会社からの情報が役に立つことがある。⑤設備の効果を最終的に支えるのは居住者同士のコミュニケーションである。

バルコニーのカベ部分や避難ハッチの部分に関しては注意書きを配って　モノを置かないようにお伝えください
階段脇のドアが閉まりにくくなっているといいます
それは危ないな
さっそく調べて改修しましょう
消火器の耐用年数も来年あたりですこの取り替えも検討してください
わしらも気がつかないことが多いからこうして管理会社の人のアドバイスは大いに助かります

8 構内の死角再点検

規模が大きくて複雑なマンションには、日常的な生活感覚ではわからない部分がたくさんあります。しかし、管理会社はマンションの建物全体を承知していなければ仕事が成り立ちませんから、普通の居住者が知らない部分の様子も熟知しています。マンションの全体をつねに知っていなければならないという点では、実は管理組合もまったく同じなのですが、組織を動かす理事などの役員を務める人が普通の居住者であることが多いため、日常的な生活感覚による認識には限界があることを否定できません。

そうした事情で、管理組合はマンションの実情を隅々まで必ずしも正確に把握しているとはいえません。しかし、構内巡回などの仕事を通して居住者や管理組合が知らない部分にも継続して目を向けている管理会社は、この点でむしろ管理組合よりもむしろマンションの中の実情をよく把握しています。つい見落としがちな死角はないか、照明が届かない暗がりはないかなど、危機の発生につながる不安がある箇所があれば、管理組合に知らせることが望まれます。管理組合からみると、管理会社は危機管理の誘導灯の役割を持っています。

【この項の急所】①居住者の知っているマンションの中の様子は自分の住戸中心の限られたエリアに限られる。このエリアに含まれない部分の様子は管理会社でないとわからない。②普通の居住者の場合、死角や盲点の見え方・気づき方は子供がいるかいないかなど家族構成条件による差が大きい。③管理会社には、そうした見え方・気づき方の偏りから無縁の認識ができる可能性がある。

来る途中でマンションのまわりを見たのですが金網の一部が破れていました
子供が入れるくらいの穴です
本当だ
気がつかなかったな
夜になると灯りもとどかない場所なので死角になります
泥棒が入ったり子供が侵入し事故になると大変なことになります
管理会社に助けられるね

9

財務会計の確認

マンションの管理組合には、組織を運営するための実務にうといい弱点があります。その一つがお金を取り扱う財務会計の仕事ですが、大半の管理組合ではこの仕事に苦手な傾向があります。そのため、財務会計の仕事は下請けに出さずに管理会社自身が手がけることを義務付けられている「基幹事務」に含まれるほど重要度の高い仕事です。

また、実態上、管理組合では保管しているお金が巨額になることが多く、特に修繕積立金は蓄積額がときとして何億円にもなる場合があります。

それだけに、お金をめぐる財務会計は危機管理対策の中で最も大事な仕事の一つになります。

財務会計の仕事の内容は管理組合と管理会社の間の管理委託契約書で決められていますから管理会社のほうではよく承知していますが、管理組合のほうではともするとこの種のものに関心が向けられないため〝管理会社任せ〟の傾向が生まれることがないとはいえません。それだけに、管理会社としては財務会計の状況を普段から管理組合に対して報告することが大事です。標準管理委託契約書にも、管理組合の求めによる管理会社の収支報告が基幹事務の一つにあげられています。

【この項の急所】①保管している預金残高の確認が重要である。預金通帳と金融機関登録印鑑の保管者を正確に確かめておくこと。②管理組合の理事長は毎年替わることが多いので預金口座名義は確認の必要が大きい。③危機の際に連絡できないことを考えて理事長以外の財務会計担当役員が誰かを確かめておくこと。④管理会社からも財務会計担当者を管理組合に知らせておくこと。

管理費と修繕積立金を預金している○○銀行の支店が今度統合されて××支店に移管されることになりました移管された後の口座残高も含めて 来週ご報告いたします
詳しくは財務担当を来させます
わたしらはどうしても巨額のお金の扱いには慣れてないから管理会社にお任せだ
では来週以後の理事会でその内容を管理会社から報告してください
会計担当理事の松田さんよろしくお願いしますよ
管理組合はお金のことが苦手だけれど金額が大きいからやはり必要なつど管理会社から報告してもらわないとね

10 管理会社ならではの損害保険の説明を

マンションの損害保険が大事なことは誰でも知っていますが、実務の苦手な管理組合には具体的な内容の理解という点で、いささか盲点に近い不安がないとはいえません。管理会社が損害保険代理店として管理組合と損害保険契約を結んでいるときは、とりわけこの点に注意が要ります。

管理組合に損害保険の基本認識がないときは必要に応じた説明が必要ですが、管理会社によっては損害保険代理店の仕事の担当部門が管理組合から委託された管理業務の担当部門と別になっている場合が多いので、管理組合との対応に注意が要ります。管理業務担当部門なら普段から日常的に管理組合との接触がありマンションの実情を心得ていますが、代理店担当部門となると管理組合の関係者にまだ会ったことがないとか物件の現地を見たことがないといったケースもあるからです。もともと損害保険は保険事故となる問題が起こらない限り管理組合と接触する機会がそれほどありませんから、こうした点に注意が要ります。同じ管理会社でも日常的なコミュニケーションの少なさが危機の際の対応に理解不足や不信感を生んだりしないようにする感覚が大事です。

【この項の急所】 ①契約している損害保険契約の種類を管理組合によく知らせておくこと。②地震保険には特有の填補条件がある点をよく説明しておくこと。③保険事故が起こったときの因果関係の判断が大事な点の説明は念入りに。④損害保険の仕組みの説明をするときは、マンション管理の実情を管理会社がどれだけ認識しているかを管理組合から厳しく評価されることを十分に承知しておくこと。

ところで損害保険はどうなっているのかね？
このマンションは私どもの管理会社がA損保代理店として契約を結んでおります
それならいいが知人のマンションは管理会社とは違う代理店の損保に入っていたため面倒なことになったと聞いたんでね
管理会社はマンションのことをよく知っている代理店でもありますからね
管理会社ならマンションと保険の両方とも詳しい代理店のはずだからね
私どもは契約している保険のことを十分理解していただけるようにしています
不信感があってはそれこそ危機です

11 実務の支え1：事務手段の確保

管理組合という組織の運営には、想像以上に事務的な側面があります。しかし、実際にはその点が十分に理解されているとはいえません。こうした傾向が生まれるのは、理事などの役員が実務レベルの仕事を管理会社に任せっきりにしていたり事務的な知識のある人ほど理事を引き受けたがらず敬遠しがちなことといった事情があるからです。

こういう傾向があると、管理組合には組織運営実務の用具や手段がいつも揃っていないことが多くなります。会社の仕事なら当たり前に用意されるはずの書くためのボールペンさえ、管理組合では不十分なことがあります。まして、書いたものを刷るとか綴じるための用具がなくても珍しくありません。こうしたことがあっても普通はちょっと不便だ程度の不満ですみますが、危機が起こるとそれではすまなくなります。

こうした場面で管理組合をサポートできるのは、管理会社です。ホッチキスの針とかマジックインキ、鋏、糊、クリップなど管理組合のニーズに対応するための事務用品を提供できると、管理組合にとって管理会社の親近感が大きくなります。こうした実感がもたらす効果は無視できません。

【この項の急所】①本当はノートパソコンがあると一番いい。しかし、使える人が管理組合にいないこともある。②普段珍しくない事務用品ならどんな管理組合でも必ず役に立つ。③けっこうニーズが大きいのは紙。無地のA４判の紙が一パックあるだけでも助かることがある。④簡単なバッグや収納ボックスが役に立つことも。⑤用意する量の見極めにはマンションの戸数規模が関係する。

ではここにご署名をお願いします
あっとペン持ってないや
そういえば事務用品というものが管理組合にないね
え？
まあペンくらい誰でも持ってはいるがパソコンとかないな
よろしければ中古のパソコンは用意できますそれに事務用品はこちらで用意します
パソコンは苦手だから使える人をみつけておこう
そりゃありがたい

12 実務の支え2：連絡手段の確保

事務用品さえ揃っていないことが多い管理組合が危機に直面したときに、もっとその必要性を痛感するものは連絡用具の確保です。急を要する事態でまずやらなければならないことは、誰かに、何かを知らせるとか伝えるという課題です。このためには道具が要ります。いわば情報連絡の手段でもありますが、短い時間で大事なことを多くの人に知らせる効果的な用具が管理組合の必需品になります。しかし、実情から見ると、こうした事態に備えた連絡用具を確保している管理組合は滅多にないようです。こうした連絡用具の確保は危機管理対策の盲点かもしれません。

それだけに、管理会社がこうしたニーズに対応できる用具を管理組合に提供できることが望まれます。ただし、連絡用具といっても特別なものではありません。何かを伝えるための用具ですから、メガフォンやハンドスピーカー、回覧板のボード、あるいは簡易な掲示板に使える小型の黒板やボードなどがあります。

マンションにいない人にも何かを伝えるためには電話が必要でしょうが、これはマンションや居住者の状況で決まりますから、一概にはいえません。管理組合とよく相談しておくべきでしょう。

【この項の急所】 ①何かを伝える方法は、伝えようとする情報の送り手と受け手がどこの誰かという点で決まる。実際には、管理組合の実情による部分が大きい。②ということは、管理組合の広報の問題でもある。③広報がきちんと行われていない管理組合でも、最低限度掲示板と回覧板は必ず必要になるはずだ。用意する数を工夫したい。

ではこれらを用意してきました
ゴソ
回覧板
メガフォンとスピーカー
回覧板と小型のボード
これらは連絡用具としてお使いください
小型のボードは玄関に置いてもらい情報を伝える用具として利用してください
お知らせ
○月○日×時
これはわれわれの気づかなかったものです
いやあ助かるね

13 実務の支え3：記録の確保

「危機」には想像していなかった事態という意味が含まれています。しかし、想像していなかったことも、いったん発生すればまた同じことが起こる可能性が予想されるようになります。だからこそ、起こった事態が再発する可能性に備えた危機管理対策が重要な意味を持つわけです。

そこで、起こった危機の実態を記録することが非常に大事な意味を持つことになります。どんなときに、どんな場所で、どんな事態が起こったら、どんな結果がもたらされるかという起こった事実の確認がその後の検討の際に有力な資料となるからです。地震の被災写真が後日の重要な判断材料になることがそれを物語っています。

ところが、実際に危機的な事態が起こった場合に管理組合がこうした記録に当たれるかどうかはかなり微妙です。まず救出や事態の収拾が先で、記録に当たれる余裕がない場合が多いでしょう。

そこで、管理会社が写真などで記録できると、管理組合にとって有益な資料を確保できることになります。建物の全体像を熟知している管理会社による記録写真は管理組合とは違った視点によるものであるだけに、記録の内容の客観性を期待できる可能性もあります。管理組合の手が及ばないことの支えには、こんな方法もあるのです。

【この項の急所】 ①写真は日時・場所などの撮影データをきちんととること。後日の資料として欠かせない。②デジタルカメラの活用の可能性はかなりあるだろう。活用例を大事に蓄積しておきたい。③カメラを用意できなくてもＩＣレコーダーによる録音が役に立つことがある。

そういえば以前の災害のときも管理会社に助けられたね
三年前の台風のときだった
ここに記録写真があります
ああこれだ大変だったよね
こうして記録を残してあると次に活かせるね
管理組合では混乱していてこんなことはできないね
今後はデジカメやＩＣレコーダーを活用して記録を確保していくようにしたいと思います

14

情報の支え1：管理会社の担当窓口情報

何か思いがけないことが起こったとき、管理組合にとって最も身近な存在は管理会社です。しかし、いざというときに管理組合にとって必要なことは、その管理会社の社名でも会社概要でもなくて連絡先はその管理会社のどの部門の、何という名前の組織の、誰なのか、電話番号は何番かなどという固有名詞のある具体的な情報です。

さらに付け加えれば、夜間や休日など通常の勤務時間でないときの連絡に対応できる窓口の情報も欠かせません。もし担当者が不在であれば代わって対応してくれる体制がどうなっているかという仕組みの情報も必要です。

事件や事故が起これば110番や119番に知らせるのは当然ですが、緊急連絡電話で助けを求めなければならないような事態を管理会社が知らないままというわけにいきませんから、できるだけ早く管理組合からの通報に対応できる管理会社の窓口を知らせておくことが大事です。

そうした管理会社の対応窓口の情報を管理組合の誰が知っておくべきかという情報の受け手の問題があるのはもちろんです。通常は理事長でしょうが、担当理事制のケースがあるかもしれません。結局決め手になるのは、管理組合と管理会社とのコミュニケーションだということになります。

【この項の急所】 ①管理会社の人事異動や組織変更の場合の情報を必ず知らせること。②連絡情報の伝送経路は管理会社によって違うこともある。正確な説明が肝心。③連絡用電話番号は緊急時に対応できるものを管理組合に、必ず知らせておく。かかってもテープ案内だけでは電話が通じないのと同じになる。

この間の台風のときは倒木で混乱して大騒ぎだったたな
とりあえず119番にかけたけど管理会社を忘れてたらしい
休日の夜間だったから連絡がつかなかったんじゃ
あれ以来緊急の連絡電話番号を理事会が知らねばと思い知らされたね
私どもも窓口はいつでもオープンにしていますが二重三重の連絡網をつくっていますので安心してください

15

情報の支え2：緊急時の関連情報

危機的な事態にぶつかっても、管理組合は自分だけで対応できないことが普通です。したがって、マンションの外に支援を求める必要が生まれます。その支援も早く求めないと事態が当初よりも深刻化して対応が難しくなったりマンション周辺の地域に影響が広がったりすることがありますから、支援を求めるタイミングはかなり重要です。

そこで、当然必要になるのが、どういうケースでどこへ支援を求めるかという連絡先の確認です。この点は、119番で消防署へとか110番で警察へということなら誰でも常識として知っていますが、このほかのことになると必ずしも十分とはいえない傾向があります。例えば、水道やガス、あるいは電話などの場合がそうです。

110番と119番は市外局番が要りませんが、ほかの緊急連絡の場合は地域ごとに窓口が違いますからマンションごとに確かめておく必要があります。ガス漏れなどでは二十四時間いつでも対応してくれるとはいっても、民間と公営の場合で窓口の決まり方が違うことなどがその例です。こうしたことの知識が管理組合の役員にない場合が珍しくありませんから、緊急時の連絡先電話番号一覧表などにまとめて管理会社から知らせておくことが望まれます。各戸に配布できれば理想的です。

【この項の急所】 ①119番や110番はできるだけ公衆電話から緊急警報ボタンでかけるほうがいい。公衆電話は無料。②緊急電話は最初に名前と住所・電話番号を告げること。③自分のいる場所の知らせ方にはマンションの場合コツが要ることも。④携帯電話でかけるときは場所を移動しないこと。

ガス漏れのときはどこへ連絡すればいいんだ？
水道の場合は？
この地域ならばここへ連絡すると24時間対応してくれます
へー知らなかったね
このリストはありがたいぜひ全戸に配っておこう
ついでに緊急時の心得など記しておきました
これは助かる

16 情報の支え3：生活関連情報

生活の場であるマンションが危機にあえば、生活関連の情報ニーズが生まれます。水やガスなどと違って食料の確保などは基本的に個人レベルの問題ですから、マンションに住む人が自分の判断で対応しなければなりません。食料だけでなく、病気の場合はもっと個別の対応が必要になります。

こうした場合、自分の求めるものがどこで手に入るかをマンションに住むすべての人が知っていればいいのですが、実際には知らない人もかなりいるものです。特に、引越してきてまだ間もない人や仕事の関係で在宅時間が短い人などは、こうした地元の生活情報に暗い傾向があります。育ち盛りの子供や高齢者の有無が関係する家族構成の違いで求める情報が違うという問題もあります。

ところが、管理組合のほうではこうしたことをすべて考えた情報提供の用意ができるとは限りません。その点を考えて、管理会社から管理組合に対して生活情報を知らせられると効果的です。ただし、地域やマンションの実情によっては難しい場合があるかもしれません。そうした場合は、マンションを中心として半径五キロ圏程度の市街地図を配れるようにしておくだけでも役に立つと思われます。最近の市街地図は、コンビニや医療施設なども細かく記載されているものが多いからです。

【この項の急所】①必要とされる情報の種類は、年齢や家族構成で違う。マンションごとの居住者の内容をあらかじめよくつかんでおくほうがいい。②医療施設は診療科目を確かめることが大事である。③スーパーやコンビニは店舗の規模がかなり重要。品揃えが関係するからだ。

そうだ　もう一つ　居住者の人から　管理会社に　お礼を　いってくれと　頼まれて　いた
何　でしょう？
最近　何組かの家族が　越してきたんだ
引越便
ARC
引越便
管理会社から　スーパーや　病院など　生活情報を　知らせて　もらって　助かったと　喜んで　いたんだ
住んでいる　わたしらも　そこまで　気が回ら　なかった
さすがに　キメ細かい　サービスだ
本当は　その家族に　合わせた　情報が　あれば　いいのですが　とりあえずの　生活圏内の　情報を　載せて　おきました

コラム

法律の中の「管理会社」はどこにある？

マンションの危機管理を考えるよりどころとなる法律で管理会社のことを確かめようとしてもわかりにくさがあります。「管理会社」という言葉が出てこないからです。法律によっては別の言葉が出てくる条文を読めばいいものがありますが、そうでない法律もあります。詳しくいうと次のようになります。まず、マンションの管理で最も中心的な意味を持つ区分所有法。この法律には、「管理会社」がまったく出てきません。比較的新しく生まれたマンション管理適正化法にも「管理会社」という言葉はありませんが、「マンション管理業者」という言葉が「管理会社」を意味するものとして使われています。法律ではありませんが、国土交通省による「マンション標準管理委託契約書」には冒頭に「〇〇マンション管理会社」が契約当事者の乙に当たるものとして出てきます。しかし、コメントを含めた文書全体では「マンション管理業者」という言葉だけが出てきます。「マンション標準管理規約」でも、「マンション管理業者」を「管理会社」に読み替えるのは同じです。法律の上では「管理会社」は俗称として扱われているような感じです。

第7章　危機管理・本当の答えはマンションごとに違う

1 大規模マンション：危機が気づかれにくい

危機的な状況は、起こった場所次第で広がり方が変わります。マンションの危機も、物件の戸数規模で様子が様々に変わります。かりに戸数規模の目安を、二百戸以上を大規模、五十戸以下を小規模、どちらにも当てはまらない物件を中規模とした場合の危機の幅との関係を考えてみましょう。

はっきりいえることが、いくつもあります。まず、大規模の場合は危機発生の発見が遅れる可能性が大きくなります。建物が大きくなれば目の届かない部分が増えますが、特に専有部分であるため外から確かめようがない住戸が多いと事態の発生が確認しにくくなることも関係があります。

次に、大規模の物件には当然ながら住む人が多くなりますから同じ事態であっても反応が複雑化して危機の受け取り方が人によって異なりやすくなる点があります。留守がちな若い人と在宅時間の多い高齢者とでは、同じケースでも受け取り方が違うことを考えればこの点は明らかです。

そして、建物規模の大きさと居住者数の多さとが重なって、簡単な方法では対応できなくなるという事情があります。火災の場合も、出火場所が高層階か低層階かではしご車利用の都合が大きく分かれます。救出の難易にも大きく関係します。

【この項の急所】①管理しているマンションの規模を考えた実情確認の方法を確かめること。②戸数が多ければ高層になり、住戸タイプも多様になる。③建物規模の大きさは建て方の複雑化により見えない部分の増加を生む。平常時の点検や確認の重要度が特に大きくなる。④事故や事件を考えた消防署や警察への連絡通報体制を固めておくこと。

ウチの管理している物件の種類は多様ですね
大規模から小規模まであるし都市型から郊外型まで多様だ
200戸以上を大規模 50戸以下を小規模 その間を中規模とすると やはり 中・大規模に危機が高いといえる
大きくなればなるほど死角が増え反応が遅くなる傾向がある
居住者の構成も関係してきますね

2

小規模マンション：危機の姿が極端化しやすい

五十戸以下の規模のマンションでは、危機的な事態が起こるとその結果がすぐ建物全体に広がります。建物が小さいために危機の原因が直線的な結果をもたらしやすいともいえます。発生からの時間が短いため危機の発見が早い代わりに、対応が間に合わなくなる可能性も大きくなります。

この点は、建物全体への影響でも居住者の救出でも、同じように影響します。外から目が届きにくい住戸内部に原因があるような場合は、室内で起こった事態がよその住戸にすぐ影響をもたらすことも多くなります。そういう意味では、お互いの住み方が至近距離で毎日いろいろな形で影響しあっているということもできるでしょう。

放置できないことが起こった場合、手を打つ人が少なくなる点も一つの課題です。対応が間に合わなくて短時間にそのままの形で事態が建物全体に及びやすいため、起こったままの姿で危機が広がるという極端な展開になります。時間との競争が必要になるわけですから、それだけに初期対応が想像以上に重要な決め手になるということができます。危機の事後対策で費用負担を検討するときに、こうした事情が関係することも考えておく必要があるでしょう。

【この項の急所】 ①小規模マンションでは管理組合が弱体化している場合が多いため、危機対応は管理会社への依存度が大きくなりやすい。②しかし、管理方式も巡回管理など常時対応していない方式が多いので、管理会社の目も届きにくくなる。③戸数が少ないから、連絡がとりやすいメリットもある。ただし、これは名簿の整備が前提となる。

ここはウチの管轄で最も小規模なマンションだ
10戸
居住者同志のコミュニケーションがあるため連係がよく　管理組合もしっかりしているね
しかし管理人が不在のため巡回でしか判断できず発見が遅れる可能性も高いね
火災などが起こると被害が全戸に広がることも考えられますね
管理会社への依存度も高くなるというわけだ

3 中規模マンション：危機の課題は何でも揃うが

マンションの中で最も多いのは、中規模の物件です。大きくもあり小さくもあるというわけですから、今までに述べた大規模物件の場合と小規模物件の場合の特徴が一通り揃うということもできます。ただし、平均的なイメージではあっても実際には物件による差が大きくなります。危機をめぐって起こる危機のイメージは同じであっても、マンションごとの建物の実態や住む人の様子による実際の起こり方の違いが大きいわけです。

その対応には管理組合と管理会社がどのくらいマンションの実情を熟知しているかが大きく関係します。普段からの管理組合と管理会社との関係がどこまで望ましい状態であるかという実情の反映でもあります。そういう意味で危機管理の具体的な進め方は日常的な管理の実行水準次第で決まることにもなります。

管理組合と管理会社との間で情報や意見の交換が継続的に行われているマンションでは実情認識の水準が高くなりますから、危機に対する一定の予防対策が整えやすくなります。また、危機が起こっても早く対応できることにもなります。この意味では、危機が起こらない間の維持管理の様子がまさかのときの危機管理になるともいえそうです。

【この項の急所】 ①管理組合と管理会社との間の継続的なコミュニケーションが危機管理のポイント。理事会への管理会社関係者のオブザーバー出席などが、その例。②管理組合のほうは、役員が毎年替わる例が普通だから過去の事情がわからない。③管理組合の至近距離にいる管理会社は、そうした管理組合の弱点をカバーできるといえる。

ここは平均的な中規模マンションだ
ここは管理組合の組織運営がしっかりしていて管理会社との連絡も十分にとれている
ただ役員が毎年替わるため　過去の事情が失われることもある
危機もあらゆることが起こる可能性が高いのも事実だ
管理事務所
管理組合とのコミュニケーションがポイントだ

4 団地型マンション：規模と年数の差が重なる

いくつもの棟があるマンションでは、危機の起こり方が複雑になります。何棟もある物件では、分譲年度が区別されるなどの事情で竣工年が棟ごとに違うということも珍しくありません。竣工した年が違えば経過年数も違いますから、建物の老朽度が違ってきます。地震などではそうした経過年数の差が棟ごとの被害差を生むこともあります。

建てられた年が同じでも、戸数規模が違うケースもあります。八階建て百戸の棟の隣に六階建て五十戸の棟が並んでいるような例です。

危機的な事態が起こると、こうした棟や戸数規模の違いが様々な結果をもたらします。同じ地震であっても被災した棟の隣では大した被害を受けずにすむ棟があるといった事態が生まれます。早く供給された棟と何年か後に建てられた棟では居住者の年齢や仕事の違いがあり、同じ事態に対する反応の違いをもたらしたりすることもあります。

事態が違えば当然ながら打つ手も同じというわけにいきません。そこでまず必要になるのが、棟による事実確認です。また、こうしたマンションでは管理組合の運営原則が団地型管理規約であるため物事の取り決めのために手数と時間を要するという事情があることも考えておくべきでしょう。

【この項の急所】 ①何よりも棟ごとの違いを普段から確かめておく必要がある。この違いの確認があいまいだと対策が決められない。②団地型の物件では共用部分が「団地共用部分」と「棟の共用部分」に分かれるから、物件ごとにその違いを確かめておかないと手が打てなくなる。③団地型の物件では居住者が多いことをいつも考えておくほうがいい。

ここは大規模ですね
いわゆる団地型だね
各棟で分譲年数が異なるため　老朽度も違うんだ
当然居住者の年齢も多様でお互いのコミュニケーションは少ない
管理組合も団地型管理規約であるから取り決めに時間がかかる
共用部分が団地共用部分と棟の共用部分に分かれるのも特徴ですね

5

都心型マンション：居住形態が激変する

都心型マンションの正確な定義はありませんが、便宜上の目安として旧市街地で地下鉄の駅からバスに乗らなくてもいいような立地条件の物件という程度のイメージで考えることにします。

こうした立地条件のマンションには、竣工後の年数経過につれて居住形態が大きく変わるという特徴があります。当初住居専用型だった物件が次第に店舗や事務所など非住居型に変わるとか、分譲された住戸が賃貸化されるといったケースです。賃貸化される住戸には、竣工当初から家賃収益を目的としたケースとか会社などが区分所有者になる社宅化のケースも含まれます。さらに、同じ棟の中にこうした賃貸化・社宅化・事務所化・店舗化のすべてが並ぶ場合もあります。住居専用型分譲マンションだった竣工当初の居住形態が大きく姿を変えるわけです。また、こうしたマンションでは当初の姿が変わらないままの住戸であっても在宅ビジネスや単身世帯が多く、ファミリーマンションのイメージとは違う傾向が強くなります。

居住形態のこうした変貌には、年数の経過とともに顕著になる場合とそうでない場合の違いがあります。この点は、あくまでもその物件の立地条件によって決まります。

【この項の急所】①住宅地のファミリーマンションとは違うので、居住実態の変貌をこまめに確認する必要が非常に大きい。②救出を要する人が住むケースはわりと少ない。③が、当初からの居住者は高齢化していることが多いので、優先救出者の内容を早くから確かめておく必要がある。④業務用の住戸では外部の非居住者が建物内にいることが多い。

ここはいわゆる都心型マンションだ
便利そう
駅に近くて事務所や店舗に利用されるタイプだ
多くが賃貸化しているから居住者は少ないと考えてよさそうですね
でも便利だから年配者が住んでいる場合も多く万が一のときのレスキューも必要となる
住居者の動向をチェックしておく必要がありますね

6 住宅地型マンション：生活実態が多様化している

住宅地型ではファミリータイプの物件が多く、家族で住む住居専用型のイメージになります。しかし、しばらく前まで同じ光景だったそのイメージが最近ではかなり変わってきています。高齢化や非婚化によって家族構成が激変したからです。

したがって、住居専用型とはいっても複合用途型ではないという点に共通性があるだけで、実際の内容は物件による違いが大きくなる傾向があります。家族構成の激変に対応して、住宅地型マンションの生活実態も多様化し始めています。夫婦に子供二人といった在来のイメージを想定した物件もありますし、子供のいない家族向けの物件もあるわけです。そうした物件でも、竣工当初の居住者が年数の経過とともに入れ替わるケースは今まで同様に生まれます。

居住者が年数とともに変貌していく物件では中古マンションとしての売買回数が増加します。そのため居住者交替の都度室内リフォームが何回も繰り返されます。その結果、建物全体の様子は大きく変わらなくても住戸ごとに室内の様子が大きく違うようになります。建物全体の外観は竣工当初とあまり変わらないのに建物内の住戸の様子は一変しているといった状況が生まれます。外から見ただけではわからない居住実態の変貌の実態確認の必要度が、とりわけ大きくなるわけです。

【この項の急所】①居住者が多様化すると生活時間の家族差も大きくなる。危機管理対策に二十四時間対応型の発想が欠かせない。②管理会社としては在宅時間のバラツキを見落とさないことが必要。③戸数規模によっても居住者の多様化は様々になる。

ここは都心型に対し住宅地型マンションだ
ファミリータイプのマンションですね
ふつう子供がいる4人家族をイメージしているが　年数と共に家族構成は変化しているから　多様になってきているね
このタイプはリフォームをしていることが多く部屋の構成も変わってきている
子供から高齢者もいるから24時間対応の管理体制をとっておく必要がありますね

7 新築マンション：管理組合が未成熟な場合も……

新しいマンションが分譲されると、そこには管理組合が生まれます。しかし、それは理想化された考え方だともいえます。理詰めにいうと組織はそのメンバーがお互いによく知り合っていることが必要ですが、管理組合でもそうしたことが成り立つはずだということが前提になるからです。

ところが、竣工して間もない新しいマンションでは、この点がかなり微妙です。なぜなら、そのマンションが売り出されて入居するまでは別の場所で暮らしていて名前も聞いたことがないし会ったこともないといった初対面の人同士が新しいマンションで隣り合って住むことになるからです。どこのマンションでも、管理組合はこうした未知の初対面同士が集まってスタートするわけです。

こうした状況でスタートする管理組合が本当に望ましい状態にたどり着くまでには、どうしてもある程度の時間がかかります。それに、管理組合という組織を動かしていくために欠かせないいろいろなルールや仕組みに不慣れな人が多いという実情も、考えておく必要があります。しかし、そうした管理組合の組織の力がまだ不十分な時期でも、危機的な事態は起こるかもしれません。管理会社の存在感はそんなときにこそ大きくなります。

【この項の急所】 ①管理組合の組織運営経験の蓄積がないことをつねに考えておくこと。②居住歴が浅いため自分の住むマンションのことを知らない居住者が多いことを知らせる工夫が大事である。③マンション周辺の地元情報にもうとい人が多い点に対応した情報提供の仕方を工夫するといい。④竣工後五年ぐらいまでの物件ではこうした配慮が望まれる。

ここにも新しいマンションが建つのですね
新築マンションこそわれわれが最も活かされる場所だ
ガガ
カン
カン
園セントヒルズ
今秋完成予定
入居者募集中！
モデルルーム
そうか管理組合も初めてつくられるわけだからアドバイスをしなくてはなりませんね
知らない人同士が集まるわけだから管理会社が運営の面倒を見る必要があるんだ
少なくとも5年間はアドバイスの必要があるね

8

中古マンション：居住者年齢の老若混在に注意

中古マンションは、経過年数によって実態が千差万別です。しかし、建築後に経過した年数が長くなるほどはっきりする点がいくつもあります。その第一は高齢の居住者が多くなる点です。建物が古くなるほどそこに住み続けてきた人も同じ年数を経過しますから、建物と住む人の高齢化が同時に進行します。住み続ける人が多い都心のマンションほど、この傾向があります。危機管理を考える場合は、高齢者の救出を優先する必要がありますから、この点はよく考えておくべきでしょう。

第二は、この点と逆の現象です。古くなったマンションで居住者がすべて高齢化するわけではありません。途中で引っ越して転出する人も出てきます。そうした人が持っていた住戸は中古物件として売り出されますが、年数が経過するほど価格が低下しますから、古くなった物件ほど若い人には買いやすくなります。そこで、竣工以来住み続けている居住者は高齢化しても、住む人が入れ替わった住戸には途中から若い人が住むようになるという現象が生まれます。これは、高齢居住者と若年居住者が混在する状況にほかなりません。

単純な危機管理対策では対応できない中古マンションでは、事前の研究が大事な意味を持ちます。

【この項の急所】 ①危機管理対策で急所になる情報の伝え方にも居住者の年代差を考えた対応が必要。②住戸ごとの居住実態の把握は管理組合が苦手なだけに特に大事な意味を持つ。③古くなったマンションでは空き家や競売中の住戸も多い。④大規模修繕工事でバリアフリー対策を講じて危機管理対策の効果を期待する例もある。

ここはいわゆる中古マンションだ
中古マンションといっても長年住んでいる人もあれば購入しやすいことから若い人も入居して居住者の年齢構成は意外に幅広いのだ
入れ替りがはげしいから居住者の把握が重要ですね
リニューアルをしていることが多くバリアフリーになっていたりして危機管理が進んでいるところも多いね

コラム

マンションが高層化するほど管理組合の管理会社依存度は大きくなる？

マンションが年ごとに高層化し始めています。都心立地の流れもあり、最近では超高層であること自体もそれほど目を引かなくなってきた感じさえあります。当然ながら、こうした高さになれば戸数も大きくなります。一棟とはいいながら、多ければ一千戸前後に及ぶマンションの例も生まれ始めています。一棟で数百戸程度の例はもう珍しくありません。

建物がこんなに大きくなると、管理組合の手が及びにくくなるのは避けられません。理屈でいえば管理組合はそのマンションの全体を管理するための組織ですから、どんなに建物が大きくても建物全体の様子を知っている必要があります。役員になれば自分が住んでいない階のことを考えなければなりませんし、管理の費用にも足を運んだこともない階の事情が反映します。しかし、普通の暮らし方をしている人には、もうこれほど巨大化したマンションの隅々まで実情を知ることはまず不可能です。そこに、管理会社の存在が大きな意味を持つ理由があります。管理会社はそのマンションの全体を知っていなければならない立場だからです。高層化の傾向は管理組合の管理会社依存度を大きくするといえます。

第8章　どのマンションにも共通する危機管理対策

1 危機は必ず予想を超えて起こる

危機という言葉の説明には予測されるとか……かもしれない、あるいは不測の……、……恐れが感じられるといった表現が出てきます。「危機」は、未来を意味する言葉なのです。

マンションの危機管理は、住んでいるマンションの未来をどう考えるかという問題です。未来のことを正確に知ることは不可能ですが、ある程度のことを予想することならできます。その予想には、これまでの経験で確かめられてきたことが最大の手がかりになります。一〇〇％の予測は不可能ですが、精度の高い予測なら可能です。

マンションの危機管理でも、ある程度の予測ができます。予測の精度を高くできるような手がかりとなる情報は、想像以上に多いからです。しかし、そうした手がかりのない課題も少なくありません。まだ誰も経験していないためにわからない課題がマンションにはたくさんあります。マンションという形式の住宅が私たちにとって身近な存在になってからまだ半世紀しかたっていないからです。危機管理という課題に予想していない部分があることを避けられない理由が、ここにあります。しかし、予想していなかった部分を少なくすることは可能です。経験を大事にしながら危機管理を考えようとする意味が、そこにあります。

【この項の急所】 ①自分の住むマンションで今まで何が起こったかを確かめることは、最大の手がかりになる。②自分のマンションと似た点が多いよそのマンションで起こったことも同じように大事である。③過去の経験情報から因果関係を読み取る感覚が危機管理の大きなよりどころになる。

RRR
Eマンションで事故だ！
すぐに行ってくれ！
ボヤでよかったですね
ああ助かったよ
ここは過去にも不審火がありました
植木を低くしたりフェンスを強化するようにしましょう
他のマンションでも同様の傾向があります
さっそく総会を開こう

2

過去の経過記録が危機管理を支える

具体的な意味での危機の起こり方は、マンションによって異なります。しかし、同じマンションでもそこで起こる危機がいつも同じというわけでもありません。マンションの様子は年数の経過とともにいたるところで変わりますが、危機の起こり方はそうした変化をそのまま反映するからです。年数がたてば建物の劣化が進みますし、住む人の様子も変わっていきます。三年前には何でもなかったことが、今は危機となることもあります。危機としての受け取り方が同じ現象であっても、以前はやや軽かったものが今では無視できない重みを持つものに変わることも、珍しくありません。

こう考えていくと、マンションの危機は物件ごとの事情の違いに経過年数の違いが重なる形で、・・・・・・・・・・・そのときに、どんな人が住んでいるかによって意味が様々に変わることがはっきりします。

そうした点を考えると、マンションの危機管理対策を考える場合には、そのマンションで、どんな人が住んでいるときに、どんなことが起こったかという記録が、かなり大事な意味を持つことがはっきりします。過去の歴史を大事にすることが、危機管理対策を大きく支えるといえるでしょう。

【この項の急所】 ①ほとんどの管理組合では役員の任期が一年か二年。記録文書の保存もあいまいになりやすい。過去に何があったかの確認は管理組合にとって最も苦手な点になる。②管理組合が果たせないからこそ、過去の経過を記録する役割が管理会社の存在感を想像以上に大きくする。③管理会社が歴史の証人となる役割が重要になるが、特に居住者の継続的な入居記録が急所になる。

あのあたりにヒビが入ってるんだ
たしかに以前より大きいですね
3年前はなんともなかったが
マンションも年数で劣化してきます
以前の処理の記録はありますか?
当時の理事長はいないからな
私ども管理会社で保管しているものがあります
これで再度調査してみましょう
場合によっては大規模修繕工事になるかもしれません

3 法律や規約が想定していない危機への対応

分譲マンションの住みよさを確保するために必要な管理のよりどころとなるのは、法律や管理規約などのルールです。問題にぶつかったときの判断の手がかりとなるこうしたルールは、マンションの管理が成り立つための最大の前提です。

しかし、それほど大事なこうしたルールも、実は危機管理にそのまま対応できるわけではありません。それは、予想外の危機的な事態が必ずしも前提になっていないからです。

そこで、危機が起こって何らかの判断を下さなければならないときに何をよりどころにすればいいかという問題が起こります。

しかし、こういう場合も危機が起こった場所が分譲マンションである限り、基本的には法律や管理規約などのルールにしたがって判断することが必要です。法律や管理規約を大前提としながら、ルールが示している原則の当てはめ方を工夫する発想です。同じ原則であっても実情にふさわしい当てはめ方を工夫しながら答えを求めるという意味では、応用問題だといえます。ルールを当てはめるときの条件の読み方が急所ですから、実情をよく知っていないと答えが見つかりません。

【この項の急所】 ①法律や管理規約を言葉の解釈だけで理解すると、危機管理の際にはほとんど役に立たない。②原則の考え方を活かしながら当てはめ方をどこまで実情に合わせて変化させられるかという判断が決め手になるから実情の確認が大事だ。③災害で集会室が使えなくても短時間で何かを決めなければならないケースなどは、管理規約では判断できない。管理会社のアドバイスも判断の一助になる。

そのときになったらまた総会を開かなくてはいけないね
ところで地震や火災で被災した場合はどうしたらいいんでしょう
できるだけ早く管理組合の方針を決めなくてはなりません
まず総会を開きます
集会場が使えない場合はどうする？
近くで皆さんが集まることができる場所を確保することです
しかし非常時にそんなことできないよ
私たち管理会社ができるだけ探して皆さんに手助けすることになります

4 「知らせる」仕組みが危機管理対策の急所

危機管理の急所は、時間がないときの適確な判断です。判断を下すためには、手がかりがなければ困ります。その手がかりになるものが情報です。したがって、情報がなかったり不足したりすると正しい判断ができなくなります。だからこそ、危機管理では情報の取り扱い方が急所になるのです。

情報の問題は、伝えるべき情報をどうやって手に入れるか、その情報をどうやって伝えるかという側面から考えなければなりません。そこでまず知らせなければならない事実を誰が確認するかという情報の送り手の問題が要点になります。送り手は確かめた情報を送り届けなければならない相手は誰かを考えなければなりません。そこで、情報の受け手を確かめることが必要になります。受け手が確かめられると、早く正確に情報が伝えられるような送り方の確保が必要になります。

危機が起こると、これだけのことをできる限り早く進めることが必要です。下調べをしていなくても、これだけのことを実行できなければなりません。そんなことができるでしょうか……。普段からの情報伝達の仕組みが揃っていれば可能です。要点は、知らせることと伝えることの感覚です。

【この項の急所】 ①情報を知らせるというのは広報のこと。だから、管理組合がふだんから広報の仕組みをきちんと揃えておくことが危機管理に欠かせない。②広報には道具が要る。掲示板などまさかのときの知らせるための用具を揃えておくこと。単価は高くないものが多い。管理会社が提供できるものがあるかもしれない。③情報の送り手と受け手を確かめられる正確な名簿も不可欠だ。

これを作成してくれないか
はい
Lマンションへのお知らせですね
マンションの掲示板に貼ると同時に各戸に配っておいてほしい
以前とりつけた掲示板が役に立ちますね
管理会社はこうした情報をなるべくきめ細かく告知することで居住者に安心と関心を持ってもらいたいんだ

5

いつもマンションの全体を確かめる

マンションの危機管理には、マンション全体が直面した危機への対応が必要です。マンションの一部分だけを考えればいいというものではありません。危機管理を考える場合にはマンション全体の様子を熟知しておくことが絶対に必要です。

ところが、このことが実際には意外なほどの難しさを持っています。長年住んできてよく知っている積りであっても、実際に知っているのは自分が住む住戸を中心としたごく一部分に過ぎないということがよくあるものです。特に戸数規模の大きいマンションでは、この傾向が強くなります。

そうした状態があると、予想していなかった事態に直面したときに実情が理解できなくなります。知らない箇所で何が起こったかがわからなければ、対策の考えようがなくなってしまいます。

そうしたことを防ぐためには、理事会が中心になってマンション全体の様子を普段から隅々まで見ておくようにするしかありません。この点では、管理会社のほうがマンション全体の様子をよく知っているといえます。建物の状態を熟知している管理会社が管理組合に情報を提供するようなコミュニケーションの意味は想像以上に大きいのです。

【この項の急所】 ①管理会社が構内巡回などで把握した情報を管理組合に知らせる仕組みを考えるとい い。②専有部分である住戸室内の様子は管理会社にもわからない。室内の様子を必要に応じて確かめられる方法は管理組合にも課題になるだろう。③設備や屋上など共用部分には管理組合が実情を知らない部分が多い。④マンションの物件概要を理事会の任期交替の時に配布する例もある。

こんにちは理事長
やあ有賀さんごくろうさま
理事長最近変わったことはありませんか?
特にないがわしらも全体を見ているわけじゃないからね申しわけない
ではあとで屋上と裏庭を見てきます
わしも行こう
何ぶん理事長になったばかりで物件の概要を把握しておらんのでね

6

声のかけ合いが危機管理を確かにする

マンションに住むのは、ホテルに泊まるのと違います。壁や床を隔てて生活条件を共有しながら暮らすマンションの居住者には一戸建て住宅にない独特の親密な相互関係が生まれるからです。

そうした相互関係には、危機管理対策にかなり効果を発揮できる可能性があります。マンションの危機管理は集合住宅で思いがけない事態が起こったときに対する備えですから、住んでいる人が集まって組織的に取り組むことが必要です。個人が住む一戸建て住宅と違って、居住者が組織として結集できるかどうかがキーポイントです。

そのためには、住んでいる人同士の人間関係が生まれていなければなりません。これは、普段からの日常的な接触の中での声のかけ合いの積み重ねから生まれます。ですから、毎日玄関や廊下あるいはエレベーターで出会ったときの声のかけ合いが持つ意味は決して小さくありません。声のかけ合いは決して単なる挨拶や心がけではなくて、実は同じ生活共同体の一員同士であることを確かめる相互確認サインを送りあう意味があるのです。広報でそうしたことを説明して呼びかけることが、想像以上に危機管理の意味を確かなものにします。

【この項の急所】 ①最新鋭の危機管理設備もそれを使う人同士の人間関係がなかったら、効果が半減する。②人間関係は居住者同士だけでなく、管理組合と管理会社との間にも必要となる。現場管理員やフロントなどが管理組合の広報誌に登場する意味はかなり大きい。③住戸番号で住む人の名前が自然に浮かぶ関係が理想的だ。住戸ごとの表札やプレートの掲示を呼びかける必要も大きい。

おや
理事長!?
管理会社の
有賀さんと
屋上を
調べに
行くんだ
私も
行って
いいかい
理事長に
なったら
各戸に
顔を出す
ようになって
知り合いが
多くなって
感謝して
ます
こちらも
です
それに
管理会社の
人の巡回も
とても
ありがたい
あれ?
みんな
どこへ
行くの?
全員が
来ちゃった
よ
有賀さん
だから
じゃ
ねーのか
久しぶりに
屋上に
来た
ね

7

危機管理の答えはそのマンションの中にある

マンションで危機的な事態が起こった時に頼りにできるのは誰でしょうか。マンションの外にいないことだけは、確かです。なぜでしょうか。

危機発生の第一発見者は、ほかならぬそのマンションに住む人しかいません。住む人がその危機発生を知るのはいつもと違う事態に気がつくからですが、それは普段の様子を見慣れていなければわかりません。普段とは違うその事態が放っておけないことを感じ取るのは、そこで毎日営まれる生活の様子を承知しているからです。

地震や火災などのようにマンションの外からも見分けがつく危機もありますが、これも住んでいるかどうかで気づくことの内容がまったく違います。それは、救助しなければならない人がどこにいるかを思い浮かべただけで危機の緊迫度が一変することを考えれば明らかです。

マンションの危機は、住むというレンズを通して浮かび上がる生活シーンの中だけに本当の姿が見えてくる性質の問題です。住んでいなかったら全貌がわかりませんから本当の答えが見つかるはずがありません。マンションの危機管理はそのマンションにしか答えが出せない問題なのです。

【この項の急所】 ①危機管理の「危機」は怖いという言葉をつけてイメージを思い浮かべるとわかりやすくなる。②マンションでどんなことが起こると怖いかどうかは、住んでいる人でないと実感できない。③怖さはわからないことが多いほど大きくなる。だから、情報の確保が怖さを和らげる効果を生む。管理会社の情報提供が、その効果をもたらす可能性は小さくない。

そうか危機管理ねえ
どういうときが危機なんだ？
やっぱり「怖い」ことが危機ですね
するとオレなんか毎日が危機だ
カミさん怖いものねえ
ほっとけ
危機って住んでいる人でないとわからないことも多いです
でもこうして管理会社が意識していてくれるだけでもオレたちに安心感があるね
そうだよ
これからもなるべく多くの情報をみなさんと共有して対処していこうと思います

コラム

よそのマンションの様子を知る手がかりとなる貴重な情報源「マンション総合調査」

現実的に考えると、マンションには同じ物件が一つとしてありません。ですから、マンションの実情から生まれる様々な課題に取り組むときには、『いったい、よそのマンションではどうしているんだろう？』という気持ちになることが珍しくありません。そういうときの手がかりになるのが、「マンション総合調査」です。これは、国土交通省による調査で、全国規模のものとしては今でも唯一のものです。分譲マンションの管理の実情については今でも情報不足の傾向が強いので貴重な存在です。ほぼ五年に一度の調査なので、現在も平成十五年度の調査が最新です。この調査は次の書名で市販されています。『平成十五年度マンション総合調査結果・図で見るマンション管理』：国土交通省住宅局住宅総合整備課マンション管理対策室監修・㈶マンション管理センター㈳高層住宅管理業協会編集・大成出版社発行・二千八百円。

最近では、地方自治体がそれぞれの地域の調査を行う例が増えています。インターネットで見ることができる調査も少なくありません。国土交通省の調査とあわせて利用すると、いろいろなことがわかるメリットが少なくありません。

■著者紹介

村井忠夫（むらい　ただお）

マンション管理問題評論家

1931年（昭和6年）東京生まれ。住宅金融公庫・三井住友海上火災保険を経て、2006年3月まで㈶マンション管理センターで主席研究員、総合研究所長。30年ほど前からマンション管理分野の講演・セミナー・原稿執筆に従事。第1回標準管理規約改正、標準管理委託契約書改正、標準管理指針制定などに参加。日本不動産学会・日本マンション学会・日本不動産ジャーナリスト会議の各会員。著書は『マンション管理組合運営の手引き』（住宅新報社）『マンション管理組合相談事例集』（大成出版社）『マンション管理組合の実務ノウハウ』（日本実業出版社）『耐震偽装・安全なマンションに暮らしたい』（共著：雲母書房）など多数。

図解不動産業

マンションの危機管理《ききかんり》入門《にゅうもん》

平成18年10月７日　初版発行

著　者　村《むら》　井《い》　忠《ただ》　夫《お》

発行者　中　野　博　義

発行所　㈱住宅新報社

編　集　部　〒105-0003　東京都港区西新橋１－４－９（TAM ビル５F）

（本社）　(03) 3504-0361

出版販売部　〒105-0003　東京都港区西新橋１－４－９（TAM ビル５F）

(03) 3502-4151

大阪支社　〒530-0005　大阪市北区中之島３－２－４（大阪朝日ビル７F）電話(06)6202-8541㈹

＊印刷・製本／亜細亜印刷㈱

落丁本・乱丁本はお取り替えいたします。

ISBN4-7892-2670-0 C2030